2024 中国宏观经济

MACROECONOMIC PERFORMANCE IN CHINA

中国统计出版社
China Statistics Press

图书在版编目(CIP)数据

2024中国宏观经济 / 盛来运主编. —— 北京 ：中国统计出版社，2025. 5. —— ISBN 978—7—5230—0729—7

Ⅰ. F123.16

中国国家版本馆CIP数据核字第20256L4K45号

2024中国宏观经济

作　　者/盛来运
责任编辑/郭　栋
封面设计/黄　晨
出版发行/中国统计出版社有限公司
地　　址/北京市丰台区西三环南路甲6号　邮政编码/100073
网　　址/http://www.zgtjcbs.com
发行电话/邮购(010)63376907　书店(010)68783172
印　　刷/河北鑫兆源印刷有限公司
经　　销/新华书店
开　　本/787毫米×1092毫米　1/16
字　　数/170千字
印　　张/12.75
版　　别/2025年5月第1版
版　　次/2025年5月第1次印刷
定　　价/68.00元

《2024 中国宏观经济》编委会

编者说明

自2008年至今，《中国宏观经济》系列丛书已连续出版18本。本系列丛书立足中国经济发展实践，以严谨的学术视角、详实的统计数据对宏观经济走势进行科学研判，对热点难点问题进行权威解读。书中内容系统梳理了中国宏观经济发展脉络，深入剖析经济运行客观规律，是经济领域从业者、研究者及相关爱好者全面掌握中国经济发展动态、开展宏观研究的重要参考资料。本书所涉及的一些数据是初步统计数据，且全国性统计指标均未包括香港特别行政区、澳门特别行政区和台湾省数据。

本系列丛书的顺利编撰和出版，离不开有关领导的悉心指导和相关部门的大力支持，在此谨致以最诚挚的谢意！未来，我们将持续深耕，不断提升图书品质，力求为读者带来更具价值的研究成果与实践经验。

目录
Contents

权威解读

季度报告

月度报告

权威解读

Voice of Authority

国民经济回升向好态势不断巩固[①]

中共国家统计局党组

2024 年一季度，面对复杂严峻的国际环境和国内经济恢复进程中的困难挑战，在以习近平同志为核心的党中央坚强领导下，各地区各部门坚持稳中求进、以进促稳、先立后破，靠前发力实施宏观政策，固本培元增强内生动能，突出做好稳预期、稳增长、稳就业工作，在转方式、调结构、提质量、增效益上积极进取，我国国民经济呈现增长较快、结构趋优、质效向好的特点，回升向好态势不断巩固增强，为完成全年经济社会发展主要目标任务奠定了较好基础。

一、从宏观指标看，经济运行起步平稳、开局良好

稳是大局和基础。对于我们这么大的经济体而言，保持经济平稳运行至关重要。观察经济运行稳不稳，通常看四大宏观指标，即经济增长、就业、物价和国际收支状况。今年以来，随着宏观组合政策效应持续释放，经济增长稳中有升，就业物价总体平稳，国际收支基本平衡，“稳”的基础继续夯实。在外部不稳定不确定性上升、世界经济复苏动能不足的大背景下，我国宏观经济大盘保持稳定难能可贵。

① 本文系中共国家统计局党组发表于 2024 年 5 月 1 日《求是》的文章。

经济增长稳中有升，生产需求指标较快增长。一季度，国内生产总值达29.6万亿元，按不变价格计算，同比增长5.3%，比上年四季度加快0.1个百分点；经季节因素调整后，环比增长1.6%，连续7个季度保持正增长。从生产看，内外需求回升带动工业生产加快，服务业增势良好，两者对经济增长贡献率合计达93.1%。其中，工业增加值同比增长6.0%，比上年四季度加快0.8个百分点；对经济增长贡献率为37.3%，提高7.3个百分点。从需求看，消费潜力持续释放，投资、出口增速回升，"三驾马车"拉动更加协调。一季度，社会消费品零售总额、服务零售额同比分别增长4.7%、10.0%；固定资产投资(不含农户)增长4.5%，比上年全年加快1.5个百分点；货物和服务净出口拉动作用增强，贡献率升至14.5%。一些能够直观反映经济运行情况的实物量指标保持了较快增长。一季度，规模以上工业发电量同比增长6.7%，全社会用电量增长9.8%，货运量增长5.0%，营业性客运量增长20.5%，港口货物吞吐量增长6.1%，客观反映了经济回升向好的态势，表明5.3%的经济增速是有支撑的。放眼全球，我国经济增长有望在主要经济体中继续保持领先，仍然是世界经济增长的重要引擎。

就业形势总体改善，城镇调查失业率下降。就业是民生之本、稳定之基，就业稳定是经济稳定的重要表现。经济运行回升向好，特别是3月份以来，企业加快复工复产，劳动力市场活跃度提升，服务业吸纳就业增多，为就业形势改善提供了有力支撑。一季度，全国城镇调查失业率均值为5.2%，同比下降0.3个百分点；其中3月份为5.2%，同比、环比均下降0.1个百分点。初步推算，一季度服务业平均就业人数同比增加1000万人以上，其中住宿餐饮、交通运输、信息传输等行业就业人数增加较多。大城市经济活力相对较强，城镇调查失业率自上年12月以来持续低于全国整体水平，为全国劳动力市场改善发挥了积极作用。

居民消费价格止跌企稳，核心CPI保持温和上涨。一季度，居民消费价格指数（CPI）同比持平，上年四季度为下降0.3%；不包括食品和能源价格的核心CPI上涨0.7%，比上年四季度回升0.1个百分点，与经济回升向好的态势基本一致。从月度看，1月份CPI同比下降0.8%；2月份上涨0.7%，结束了连续4个月同比下降的态势；3月份上涨0.1%，涨幅有所回落，主要是由于春节假期后食品、旅游服务等价格季节性回落所致。综合来看，CPI变动的结构性和阶段性特征比较明显，3月份居民消费价格八大类商品中，食品烟酒、交通通信价格同比有所下降，但衣着、教育文化娱乐、生活用品及服务等价格均在上涨，分别上涨1.6%、1.8%、1.0%。从下阶段走势看，随着经济回升向好，消费品以旧换新等政策加快落地，“五一”、端午等节假日带动效应显现，居民消费需求有望继续恢复，就业稳定、收入增加也有助于消费能力和意愿提升，同时后期翘尾下拉影响总体减弱，这些因素都有望促进物价稳定运行、温和回升。

国际收支基本平衡，货物贸易质升量稳。面对外部诸多不稳定不确定因素，我国加力巩固外贸外资基本盘，增强国内国际两个市场两种资源联动效应，对外开放质量和水平不断提升，为经济回升向好提供了重要支撑。从货物贸易看，进出口规模再上新台阶，外贸综合竞争优势得到巩固。一季度，货物进出口总额首次突破10万亿元，达到10.17万亿元，同比增长5.0%，增速创6个季度以来新高。重点商品出口势头良好，大宗商品和民生消费品进口稳步扩大，民营企业持续发挥外贸主力军作用。从服务贸易看，跨境旅行持续恢复，生产性服务贸易稳步增加，服务贸易结构趋于优化。1—2月份，服务进出口总额同比增长22.8%，其中出口额、进口额分别增长17.9%、26.5%。综合货物和服务贸易看，根据外汇管理局数据，一季度顺差超过600亿美元，处于历史同期较高水平。从外汇外储看，跨境资金流动总体均衡，外汇外储保持稳定。3月末，外汇储备余额32457亿美元，比上年末增加77亿美元；人民币兑美元汇率中间价为7.0950元/美元，保持基本稳定。

二、从发展质量看，经济发展“含金量”不断提升

进是方向和动力。“筋骨强”方能“个头高”，质量“进”才能增长“稳”。一季度，我国在经济总量规模稳步扩大的同时，持续推动结构趋优、质效向好，创新、协调、绿色、开放、共享发展取得新进展，转型升级厚积薄发，“进”的势头愈发明显，高质量发展稳步推进、势头向好。

新质生产力培育成长。科技创新是发展新质生产力的核心要素。开年以来，我国科技成果不断涌现，大国重器频频“上新”，国内首个“地面空间站”通过验收，300兆瓦级F级重型燃气轮机首台样机总装下线，自主研制的AG60E电动飞机成功首飞，“东数西算”首条400G全光省际骨干网正式商用，为加快发展新质生产力注入了新动能。同时，更多科技成果正在走出实验室、走进生产线、走入百姓生活，实现样品、产品、商品的有效转化，新产业、新业态、新基建蓬勃发展，新质生产力更加可感可触。一季度，规模以上高技术制造业增加值同比增长7.5%，比上年四季度加快2.6个百分点，其中半导体器件专用设备制造、集成电路制造、智能车载设备制造行业均实现两位数增长。大数据、物联网等新技术助力商品生产流通销售全过程的升级发展，催生直播带货、即时零售、智慧物流等新模式新业态，带动实物商品网上零售额增长11.6%，占社会消费品零售总额比重达23.3%。5G基站、算力网络等新型基础设施加快建设，截至3月末全国累计建成5G基站364.7万个，5G用户普及率超过60%。

经济结构持续优化。作为实体经济发展的根基，制造业高质量发展态势进一步巩固，制造业比重稳步提升，高端化、智能化、绿色化发展趋势更加明显。一季度，全部制造业增加值同比增长6.4%，占国内生产总值比重为27.0%，比上年全年提高0.8个百分点；规模以上装备制

造业、高技术制造业增加值占规模以上工业比重分别升至31.8%、15.2%。内需主动力作用凸显,消费是经济稳定运行的"压舱石"。一季度,内需对经济增长贡献率为85.5%,其中最终消费支出贡献率为73.7%。居民消费结构由商品消费为主向商品和服务消费并重转变,居民人均服务性消费支出占人均消费支出比重升至43.3%,旅游出行、文娱休闲等服务消费热度不减,数字消费、健康消费、绿色消费越来越受到消费者的青睐。制造业补链强链持续推进,高技术产业投资、制造业技术改造投资分别增长11.4%、8.2%,明显快于全部投资。农村居民收入增长快于城镇居民,城乡收入相对差距缩小,一季度城乡居民人均可支配收入比值为2.30,同比缩小0.05。

绿色低碳转型扎实推进。能源体系向清洁低碳安全高效转型,可再生能源生产和消费比重稳步提升。一季度,规模以上工业风力发电量、太阳能发电量同比分别增长11.0%、17.5%;初步核算,非化石能源消费量占能源消费总量的比重同比提高0.8个百分点。绿色生产生活方式深入人心,绿色低碳新增长点加快涌现。一季度,新能源汽车、太阳能电池、单晶硅等产品产量同比分别增长29.2%、20.1%、58.2%。污染防治效果持续显现,生态环境质量总体改善。一季度,地级及以上城市空气质量优良天数比例同比上升3.5个百分点;国家地表水考核断面中,水质优良(Ⅰ—Ⅲ类)断面比例同比上升0.8个百分点。

高水平对外开放不断深化。在外部环境复杂多变的背景下,我国坚定不移推进高水平对外开放,积极引导广大外贸主体开拓国际市场,我国与全球经贸联系更加紧密,"经认证的经营者"(AEO)互认协议签署数量和互认国家地区的数量保持世界"双第一",市场布局多元并进。一季度,我国对共建"一带一路"国家和其他金砖国家进出口额同比分别增长5.5%、11.3%;对拉美、中亚五国进出口额实现两位数增长。跨境电商等外贸新业态快速发展,不仅助力我国产品通达全球，也成为境外消费品进入中国市场的一个重要渠道。一季度，我国跨境电商进出口额同比增长9.6%，其中海外仓出口额增长11.8%。引资质量稳步提升，我国新设外资企业数同比增长20.7%，高技术制造业引资占比同比提高2.2个百分点，彰显了中国市场对外资仍具有较强吸引力。

基本民生保障有力有效。经济回升向好、就业形势稳定带动居民收入恢复性增长，一季度全国居民人均可支配收入同比实际增长6.2%。工资性收入和经营净收入较快增长，是支撑居民收入增长的主要因素。工业服务业向好发展，相关行业就业人数和从业时间增加，带动居民人均工资性收入同比名义增长6.8%；在春节假期和文旅升温带动下，住宿餐饮、批发零售等行业家庭经营形势向好，带动居民人均经营净收入增长6.8%，其中人均第三产业经营净收入增长10.8%。社会兜底保障不断加强，社会保险覆盖面进一步提升。截至3月底，全国基本养老、失业、工伤保险参保人数分别为10.67亿人、2.42亿人、2.95亿人，同比均有所增加。加大对农民工等重点群体就业帮扶，深化劳务协作，鼓励外出就业、就近就业和返乡创业相结合，农民工就业总体稳定。一季度，外来农业户籍劳动力（主要是进城农民工）城镇调查失业率均值为4.7%，同比下降0.9个百分点；季末外出务工农村劳动力规模达18588万人，同比增长2.2%。

三、从发展前景看，经济运行有基础有条件向好发展、行稳致远

科学研判下阶段经济走势，要坚持“两点论”，既看到困难和挑战，又看到优势和机遇；同时还要坚持“重点论”，善于把握大势、认清主流。当前，全球高通胀高利率高债务外溢影响持续，贸易保护主义加剧，国际金融体系脆弱性上升，地缘政治冲突变数较多，外部环境复杂性、严峻性、不确定性上升。我国经济仍处于恢复发展和转型升

级的关键期，有效需求仍显不足，企业生产经营困难犹存，一些领域风险有待化解，向好基础仍需加固。针对这些困难挑战，中央经济工作会议已经进行了前瞻性分析和系统性部署，各地区各部门正在加力推进解决，一些问题已经有所缓解，也有一些问题出现新的变化。同时更要看到，我国发展具有坚实基础、诸多优势和巨大潜能，支撑经济持续发展的内在动因没有改变，不少方面还在增强，经济回升向好、长期向好的基本趋势没有改变，经济持续向好发展有基础、有条件。

一是市场活力逐步增强。企业效益和预期好转，消费者信心回升，为经济发展创造了有利条件。3 月份，制造业采购经理指数为 50.8%，重返扩张区间，调查的 21 个行业中有 15 个行业位于扩张区间，比上月增加 10 个；服务业商务活动指数为 52.4%，连续 3 个月回升；消费者信心指数连续 4 个月回升。这些指标反映了市场景气面在扩大、活跃度在提升，有助于带动下阶段生产经营扩张、经济循环畅通。

二是新动能新优势加快塑造。尽管国内外形势发生深刻复杂变化，我国发展仍然具有不少新的机遇和有利条件。比如，我国加快建设现代化产业体系，创新能力快速提升，新动能迅速形成并发展壮大；推进发展方式绿色转型，绿色低碳产业发展方兴未艾，形成许多新的经济增长点；纵深推进全面深化改革，市场化法治化国际化营商环境加快构建，内生动力活力不断激发。这些都增强了经济抗冲击能力和韧性，为巩固经济回升态势、推动长期发展向好进一步夯实了基础。

三是政策效力有望持续释放。政策从实施到见效需要一个过程。中央经济工作会议和全国两会已经对今年政策取向和重点任务作出全面部署，明确提出强化宏观政策逆周期和跨周期调节，加强政策工具创新和协调配合，有关方面正在加紧落实落地。近期推动大规模设备更新和消费品以旧换新行动方案出台，加上前期实施的增发国债、降息降准、减税降费等政策持续发挥效力，将为经济平稳运行提供有力的政策支撑。

我们要把握好二季度这个重要时间窗口，抓紧抓实政策细化落实，加快把党中央、国务院决策部署转化为推动高质量发展的新成效，持续巩固和增强经济回升向好态势，推动经济实现质的有效提升和量的合理增长。

凝聚历史性变革力量
谱写高质量发展新篇①

中共国家统计局党组

党的十一届三中全会以来，我国改革开放走过波澜壮阔的历程，取得举世瞩目的成就，中华民族迎来从站起来、富起来到强起来的伟大飞跃。特别是新时代以来，面对国际环境风云变幻和诸多风险挑战，以习近平同志为核心的党中央以伟大的历史主动精神、巨大的政治勇气、强烈的责任担当，统筹推进“五位一体”总体布局、协调推进“四个全面”战略布局，强调把全面深化改革作为推进中国式现代化的根本动力，明确全面深化改革的总目标是完善和发展中国特色社会主义制度、推进国家治理体系和治理能力现代化，创造性提出全面深化改革的科学方法和有效路径，着力增强改革的系统性、整体性、协同性，着力激发高质量发展的动力、活力、潜力，沉着有力应对前进道路上的各种风险挑战，党和国家各项事业发生新的历史性变革，改革开放和中国式现代化建设取得新的历史性成就，我国迈上了全面建设社会主义现代化国家新征程。

① 本文系中共国家统计局党组发表于 2024 年 7 月 1 日《求是》的文章。

一、创新和完善宏观经济治理，经济实力实现历史性跃升

面对国际环境深刻复杂变化和国内经济运行新形势新挑战，我国坚持稳中求进工作总基调，突出固本培元，注重精准施策，把握宏观调控时、度、效，有机结合跨周期和逆周期宏观调控政策，科学统筹稳增长、促改革、调结构、惠民生、防风险、保稳定，健全财政、货币、产业、区域等政策协调机制，有效抵御了国内外重大风险挑战，有力促进了经济持续健康发展。

经济总量连续跨越重要关口。2013—2023 年，我国经济实现了年均 6.1%的中高速增长，经济增速连续多年在世界主要经济体中位居前列。国内生产总值(GDP)稳步攀升，2020 年、2021 年、2022 年相继跨越 100 万亿元、110 万亿元、120 万亿元大关，2023 年超过 126 万亿元，按不变价计算比 2012 年增长 92.4%。2023 年，我国经济总量占世界经济的比重达 18%左右，比 2012 年提高约 7 个百分点，稳居世界第二位。

人均 GDP 实现新突破。2023 年，我国人均 GDP 达 89358 元，比 2012 年实际增长 84.7%，年均增长 5.7%；按年平均汇率折算达 12681 美元，连续 3 年超过 1.2 万美元，稳居中等偏上收入国家行列。

国际影响力显著提升。我国经济长期稳定发展为世界经济提供了重要驱动力，2013—2023 年对世界经济增长平均贡献率超过 30%，是世界经济增长的最大动力源。我国已成为全球制造业第一大国、货物贸易第一大国、服务贸易第二大国、商品消费第二大国以及外汇储备第一大国。现代基础设施建设成绩斐然，已建成全球最大的高速铁路网、高速公路网和世界级港口群，以及全球规模最大、技术领先的 5G 网络。

二、培育和发展新质生产力，创新型国家建设成果丰硕

创新是牵动经济社会全局发展的“牛鼻子”。面对全球新一轮科技革命和产业变革带来的激烈竞争，我国坚持创新在现代化建设全局中的核心地位，深入实施创新驱动发展战略，加快推进高水平科技自立自强，科技实力跃上新台阶，创新驱动呈现新气象，成功跻身创新型国家行列，新质生产力已经在实践中形成并展示出对高质量发展的强劲推动力和支撑力。

创新第一动力作用更加凸显。研发经费投入成倍增长，研发人员总量稳居世界首位，科技创新能力显著提升。2023 年，我国全社会研究与试验发展（R&D）经费支出 33278 亿元，规模稳居世界第二，比 2012 年增长 2.2 倍；投入强度为 2.64%，提高 0.73 个百分点，超过欧盟国家平均水平；按折合全时工作量计算的 R&D 人员总量连续 11 年居世界第一。全球创新指数排名从 2012 年的第 34 位跃升至 2023 年的第 12 位，是前 30 位中唯一的中等收入经济体，我国成为全球创新版图中日益重要的一极。

科技自立自强成果持续涌现。量子信息、生物医药等前沿方向取得一系列原创成果，载人航天、探月探火、卫星导航、深海深地探测、超级计算机、大飞机制造等战略高技术领域取得重大突破，国家战略科技力量不断强化。知识产权创造量质齐升，成为名副其实的知识产权大国。截至 2023 年底，国内有效发明专利达 401.5 万件，成为世界上首个国内有效发明专利数量突破 400 万件的国家，其中高价值发明专利占比超四成。

发展新动能茁壮成长。科技创新持续赋能新质生产力发展，新产业新产品方兴未艾，新业态新模式层出不穷，新动能成为引领高质量发展的重要引擎。2022 年，“三新”经济增加值相当于 GDP 的 17.36%，比 2015 年提高 2.52 个百分点。以新一代信息技术、高端装

备、航空航天为代表的高新技术产业发展壮大，2013—2023 年规模以上高技术制造业增加值年均增长 10.3%。服务机器人、太阳能电池、动车组等新兴产品产量增势强劲，2023 年分别比上年增长 23.3%、54.0%、63.2%。互联网、云计算和人工智能等新技术快速发展，网络购物等新型消费持续壮大。2023 年，实物商品网上零售额占社会消费品零售总额比重达 27.6%，比 2014 年提高 18.4 个百分点。

三、持续优化经济结构，发展平衡性、协调性、可持续性不断提升

协调发展是下好全国发展一盘棋的制胜要诀。面对发展不平衡不充分等问题，我国加快推动经济结构战略性调整，以深化供给侧结构性改革为主线，牢牢把握扩大内需这一战略基点，建立健全城乡融合发展体制机制，大力推进区域协调发展，转变发展方式、优化经济结构取得实质性进展，发展更趋协调和可持续。

现代化产业体系建设步伐加快。农业现代化取得明显进展，高标准农田建设面积稳步增加，农业机械装备普遍应用，2023 年农业机械总动力达 11.4 亿千瓦，比 2012 年增长 11%。传统产业加快转型，新兴产业蓬勃发展，工业结构向中高端迈进。2023 年，规模以上高技术制造业、装备制造业增加值占规模以上工业增加值比重分别达 15.7%、33.6%，分别比 2012 年提高 6.3、5.4 个百分点。数实融合发展扎实推进，2013—2023 年信息传输、软件和信息技术服务业增加值年均增长 16.7%，工业互联网应用已融入 49 个国民经济大类。

需求结构持续改善。消费“主引擎”作用进一步增强，2023 年最终消费支出对经济增长的贡献率为 82.5%，比 2012 年提高 27.1 个百分点，高于资本形成总额 53.6 个百分点，是经济增长第一拉动力。投资对优化供给结构的关键性作用持续发挥，2013—2023 年服务业投资年均增长 7.6%，高技术产业投资年均增长 13.1%，明显快于整

体投资增速。

新型城镇化和乡村全面振兴扎实推进。城镇化水平稳步提高，2023 年末常住人口城镇化率为 66.16%，比 2012 年末提高 13.06 个百分点。乡村振兴全面提速，乡村面貌显著改善，城乡发展差距进一步缩小。城乡居民人均可支配收入之比由 2012 年的 2.88 缩小至 2023 年的 2.39。具备条件的乡镇和建制村全部通硬化路、通客车、通邮路，农村自来水普及率达到 90%，卫生厕所普及率超 73%。

区域经济布局不断优化。区域协调发展战略深入推进，四大板块发展更加平衡。2013—2023 年，中部、西部地区生产总值年均分别增长 6.9%、7.1%，占全国的比重分别提升至 21.6%、21.5%。京津冀协同发展、长江经济带发展、粤港澳大湾区建设、长三角一体化发展、黄河流域生态保护和高质量发展等区域重大战略深入实施，动力源地区引擎带动作用得到加强。城市群和都市圈发展壮大，一批中心城市辐射力日益提升。

四、推动绿色低碳转型，生态环境保护发生历史性、转折性、全局性变化

生态文明建设是中华民族永续发展的千年大计。面对资源环境约束趋紧、生态系统退化等突出问题，我国牢固树立和践行绿水青山就是金山银山的理念，以前所未有的力度推进生态文明建设，开展了一系列根本性、开创性、长远性工作，美丽中国建设迈出重大步伐，经济社会绿色低碳转型取得显著成效。

蓝天、碧水、净土保卫战取得重大战略成果。重污染天数明显减少，水环境质量显著改善，土壤环境风险得到有效管控，万里山河增添了山青、水绿、天蓝、土净的亮丽底色。2023 年，全国地级及以上城市细颗粒物（$PM_{2.5}$）平均浓度 30 微克/立方米，比 2015 年下降 16 微克/立方米；地表水水质优良断面比例达 89.4%，地级及以上城市黑

臭水体基本消除;受污染耕地安全利用率达到91%以上。

生态系统质量和稳定性不断提升。国土绿化取得明显成效,2013—2023年全国累计造林总面积6779万公顷;目前全国森林覆盖率达24.02%,比第八次全国森林资源清查结果提高2.39个百分点,森林面积和蓄积量连续多年双增长。生物多样性保护得到加强,全世界最大国家公园体系建设加速,首批国家公园正式设立。城市环境更加优美宜居,2022年城市建成区绿地率达39.29%,比2012年提高3.57个百分点,人均公园绿地面积15.29平方米,增加3.03平方米。

绿色生产生活方式逐步形成。清洁能源产业快速发展,资源利用效率不断提升,绿色低碳的生产生活方式越来越深入人心。2013—2023年,我国以年均3.3%的能源消费增速支撑了年均6.1%的经济增长,能耗强度累计下降26.1%,是全球能耗强度降低最快的国家之一。2023年,天然气、水核风光电等清洁能源消费占能源消费总量的比重为26.4%,比2012年提高11.9个百分点;新能源汽车产销量连续九年位居世界第一。

五、全面深化改革扩大开放,内生动力活力积聚增强

改革开放是决定当代中国命运的关键抉择。面对一些深层次体制机制障碍,以习近平同志为核心的党中央站在新的历史起点上全面深化改革开放,推动改革全面发力、多点突破、纵深推进,各领域基础性制度框架基本确立,许多领域实现历史性变革、系统性重塑、整体性重构。

重要领域和关键环节改革走实走深。以经济体制改革为重点全面深化改革,社会主义市场经济体制更加成熟定型,高标准市场体系建设稳步推进,要素市场化配置体制机制更加完善,全国统一大市场正在加快形成,产权保护、市场准入、公平竞争和社会信用等市场经

济基础制度建设深入推进。毫不动摇巩固和发展公有制经济，毫不动摇鼓励、支持、引导非公有制经济发展，各类经营主体活力不断激发，登记在册经营主体由 2012 年底的 5500 万户增加到 2023 年底的 1.84 亿户。

外贸高质量发展迈出新步伐。把握经济全球化发展大势，实行更加积极主动的开放战略，货物贸易规模连创新高，从 2012 年的 24.4 万亿元增加到 2023 年的 41.8 万亿元，出口的国际市场份额从 11.1%提升到 14.2%，世界货物贸易第一大国地位更加巩固。我国不仅是“世界工厂”，也是“世界市场”，在提供创新质优“中国制造”的同时，也向世界敞开超大规模的中国市场，进口规模从 2012 年的 11.5 万亿元增加到 2023 年的 18.0 万亿元，为各国提供了广阔的市场空间和合作机遇。贸易结构持续优化，民营企业外贸主力军作用更为突出，汽车、船舶等高技术含量、高附加值产品成为新增长点，跨境电商、海外仓等新业态新模式跑出“加速度”，为外贸创新发展注入了新动能。

全面开放新格局加快形成。共建“一带一路”取得实打实、沉甸甸的巨大成就，我国已与 150 多个国家、30 多个国际组织签署了 230 多份共建“一带一路”合作文件，中欧班列通达欧洲 25 个国家 200 多个城市，成功建设中老铁路、雅万高铁等一批标志性项目，有效发挥了辐射带动作用。外商投资准入前国民待遇加负面清单管理制度全面实行，市场化、法治化、国际化一流营商环境加快形成。分批次设立 22 个自贸试验区，建设海南自由贸易港，成为我国全方位扩大开放的“排头兵”和“领头雁”。

六、持续增进民生福祉，人民生活得到全方位改善

民生是人民幸福之基、社会和谐之本。面对人民日益增长的美好生活需要，我国坚持以人民为中心的发展思想，不断补齐民生保障

短板，围绕解决好人民群众急难愁盼问题，在幼有所育、学有所教、劳有所得、病有所医、老有所养、住有所居、弱有所扶上持续用力，人民群众的获得感成色更足、幸福感更可持续、安全感更有保障。

绝对贫困历史性消除。党的十八大以来，经过持续奋斗，到2020年底现行标准下9899万农村贫困人口全部脱贫，832个贫困县全部摘帽，12.8万个贫困村全部出列，区域性整体贫困得到解决，完成消除绝对贫困的艰巨任务。脱贫攻坚战深刻改变了贫困地区落后面貌，有力推动了农村整体发展，补齐了全面建成小康社会最突出短板。近年来，毫不放松巩固拓展脱贫攻坚成果，接续推动脱贫地区发展和乡村全面振兴，2021—2023年脱贫县农村居民人均可支配收入年均实际增长8.2%，快于全国农村居民收入增速。

人民生活水平显著提高。就业优先战略深入实施，就业形势保持稳定，2013—2023年累计实现城镇新增就业超1.4亿人，城镇调查失业率除2020年、2022年受疫情影响外，其他年份均保持在5.5%以内。居民收入稳步增加，2013—2023年全国居民人均可支配收入年均实际增长6.2%，快于同期人均GDP增速0.5个百分点。城乡居民生活品质不断提升，耐用消费品升级换代，居民每百户家用汽车拥有量从2013年的16.9辆增加到2023年的49.7辆，服务性消费支出在居民人均消费支出中的比重从39.7%升至45.2%。

社会保障惠及全民。社会保障体系建设驶入快车道，建成世界上规模最大的社会保障体系。2023年底，基本养老、基本医疗、工伤、失业保险参保人数分别达到10.7亿人、13.3亿人、3.0亿人、2.4亿人，覆盖范围不断扩大。住房保障力度加大，各类保障性住房建设扎实推进，养老服务加快发展，儿童福利和未成年人保护体系不断完善，越织越密的社会保障网有力发挥了可持续的托底作用。

各项社会事业全面进步。各级教育普及程度达到或超过中高收入国家平均水平，国民素质持续提升，2023年九年义务教育巩固率、高等教育毛入学率分别为95.7%、60.2%，比2012年提高3.9、30.2个百分点；劳动年龄人口平均受教育年限达11.05年。覆盖城乡的公共文化设施网络日益完善，人民精神文化生活更加丰富。健康中国行动加快推进，全民健身广泛开展，人民健康水平持续提升，人均预期寿命由2010年的74.8岁提高至2021年的78.2岁。

七、统筹发展和安全，安全保障能力全面提升

安全和发展是一体之两翼、驱动之双轮。面对严峻复杂的国际形势和接踵而至的风险挑战，我国坚持总体国家安全观，统筹国内国际两个大局、发展和安全两件大事，下好先手棋、打好主动仗，切实防范化解各类风险挑战，有效筑牢国家经济安全屏障。

粮食安全得到有力保障。牢牢守住18亿亩耕地红线，大力开展高标准农田建设，粮食生产连续稳产增产，中国人的饭碗端得更稳更牢，为经济行稳致远夯实了根基，也为稳预期稳物价提供了重要支撑。2023年，粮食总产量13908亿斤，连续9年稳定在1.3万亿斤以上，人均粮食占有量超过490公斤，高于国际公认的400公斤粮食安全线，实现了谷物基本自给、口粮绝对安全。

能源供给保障能力持续提升。煤、油、气、电、核及可再生能源多轮驱动的能源供应体系基本形成，能源自主保障能力显著提升。2023年，一次能源生产总量达到48.3亿吨标准煤，比2012年增长37.6%。可再生能源实现跨越式发展。2023年末，全国发电装机容量29.2亿千瓦，比2012年末增长1.5倍，水电、风电、太阳能发电装机和在建核电规模保持世界第一，超过发电总装机的50%。

产业链供应链自主可控能力不断增强。制造业综合实力大幅提升，产业优势进一步巩固，关键核心技术攻关不断取得突破，在关系国家安全的领域和节点构建自主可控、安全可靠的国内生产供应体系。2023年，我国制造业增加值达33万亿元，按不变价计算比2012

年增长 87.6%，规模连续 14 年位居全球首位，超四成主要工业产品产量居世界第一，也是世界上唯一拥有联合国产业分类目录中全部工业门类的国家。

惟其艰难，方显勇毅；惟其磨砺，始得玉成。回首新时代十余载，在以习近平同志为核心的党中央坚强领导和全国各族人民的共同奋斗下，我国经受住国内外多重风险考验，坚定不移推进全面深化改革，坚定不移走高质量发展之路，党和国家各项事业焕发新的生机活力。实践昭示我们，改革是解放和发展社会生产力的关键，是推动国家发展的根本动力。

征途如虹，浩荡前行。我国已经迈上了全面建设社会主义现代化国家、向第二个百年奋斗目标进军的新征程，推进中国式现代化是一项前无古人的开创性事业，面临着全新的探索和实践。改革开放已经走过千山万水，但仍需不断跋山涉水。我们要更加紧密地团结在以习近平同志为核心的党中央周围，高举中国特色社会主义伟大旗帜，以进一步全面深化改革开辟中国式现代化广阔前景！

全面准确看待当前宏观经济形势[①]

中共国家统计局党组

今年以来，国民经济延续恢复态势，运行总体平稳，但也有部分指标出现短期波动，引发一些社会舆论对我国经济发展前景的担忧。观察中国经济，要结合发展阶段变迁和内外环境变化，用全面、辩证、长远的眼光看待，方能拨云见日辨明大势。事实上，尽管国内外环境更趋复杂严峻和不确定，但我国经济顶住压力在“稳”的基础上继续向着高质量发展“进”，经济韧性强、潜力大、活力足，长期向好发展有基础有支撑。

一、多重考验下经济运行总体平稳、稳中有进

上半年，世界经济增长动能不足、地缘政治冲突和国际贸易摩擦频发、国内结构调整持续深化等带来新挑战，但宏观政策效应持续释放、新质生产力加快发展等因素形成新支撑，我国经济实现质的有效提升和量的合理增长，交出了一份可圈可点、沉甸甸的成绩单。这份成绩单既是“上半场”宏观政策合力促进经济量增质升的集中体现，也是走好今年经济发展“下半程”的底气和根基。

① 本文系中共国家统计局党组发表于 2024 年 8 月 1 日《求是》的文章。

从宏观指标看，经济基本盘保持稳定。观察经济运行状况，通常看经济增长、就业、物价和国际收支四大宏观指标。从经济增长看，上半年我国国内生产总值(GDP)61.7万亿元，同比增长5.0%，对于我们这样一个超大规模的经济体而言，能够实现5%左右的中高速增长，难能可贵。从就业看，上半年全国城镇调查失业率均值为5.1%，比上年同期下降0.2个百分点，就业形势总体稳定；二季度末外出务工农村劳动力18997万人，同比增长1.6%。从物价看，随着需求持续恢复，供需关系有所改善，物价水平低位回升。上半年，居民消费价格指数(CPI)同比上涨0.1%，其中二季度上涨0.3%；核心CPI上涨0.7%，保持稳定。从国际收支看，对外贸易较快增长，外汇外储总体稳定，国际收支基本平衡。上半年，货物进出口总额达21.2万亿元，规模创历史同期新高，外汇储备稳定在3.2万亿美元以上。

从发展质量看，转型升级稳中有进。我国经济已由高速增长阶段转向高质量发展阶段，观察经济发展不仅要看经济增长之“量”，更要看转型之“效”、发展之“质”。习近平总书记指出：“不是经济发展速度高一点，形势就‘好得很’，也不是经济发展速度下来一点，形势就‘糟得很’。”细看上半年成绩单，高质量发展深入推进，结构调整、动能转换取得新进展，产业向“新”、向“绿”转型呈现新气象，多项经济指标彰显“进”的态势。上半年，规模以上高技术制造业增加值同比增长8.7%，比一季度加快1.2个百分点；直播带货、即时配送等消费新模式不断涌现，带动实物商品网上零售额增长8.8%，快递业务量突破800亿件。重大科技成就熠熠生辉，嫦娥六号完成世界首次月球背面采样返回，自主研制的300兆瓦级F级重型燃气轮机首台样机完成总装下线，国产首艘大型邮轮投入商业运营，一系列新发明、新技术、新装备成为转型升级的重要驱动力。新能源产业链增势良好，能源结构持续优化，经济发展的绿色含量提升。上半年，新能源汽车产量同比增长34.3%，配套产品充电桩、汽车用锂离子动力电池产量分别增长25.4%、16.5%;天然气、水核风光电等清洁能源消费量占能源消费总量比重同比提高2.2个百分点。夏收粮油再获丰收,能源安全保障能力和产业链供应链韧性提升,守住了不发生系统性风险的底线。

从内外环境看,成绩取得殊为不易。看似寻常最奇崛,成如容易却艰辛。面对更多逆风逆水的外部环境,在一个更加不稳定不确定的世界中谋求发展,同时还要克服国内结构调整带来的阵痛,挑战之巨、困难之大,可想而知。在这种复杂局面下,以习近平同志为核心的党中央审时度势、不断加强顶层设计和整体谋划,各地区各部门鼓足干劲、靠前发力有效落实宏观政策,全国人民顶住压力、持续奋斗,各方面都付出了艰辛努力,成绩的取得很不容易、极不寻常。放在全球坐标中观察,我国经济表现仍保持领先,增速明显快于美国、欧元区、日本等主要经济体。近期,世界银行、国际货币基金组织等国际机构相继上调对2024年我国经济增速的预期,中国经济仍是世界经济增长的重要引擎和稳定力量。

二、当前就业压力主要是结构性的,总体就业形势保持稳定

就业是民生之本、收入之源,就业稳定是经济稳定的重要表现。二季度,全国城镇调查失业率均值为5.0%,比一季度和上年同期均下降0.2个百分点。在国际形势复杂严峻、国内经济恢复面临挑战、不稳定不确定因素增多的情况下,我国就业形势为什么能够保持稳定?回答这个问题,既要把就业放到劳动力供求关系发生深刻变化、产业结构优化升级的大背景下观察,也要看到经济增长的基础效应、服务业恢复的带动效应以及稳就业政策的对冲效应。具体来看:

经济总量持续扩大带动就业增加。经济增长是稳定和扩大就业的基础,高质量发展的过程也是就业提质扩容的过程。经济持续增长,意味着生产活动增多、企业用工需求增加,自然会吸纳更多的就业。上半年,我国经济总量接近62万亿元,不变价经济增量约2.9万

亿元，规模十分可观。在劳动生产率保持基本稳定的前提下，如果经济体量扩大，带动的就业会相应增多。二季度，非农就业人数、城镇就业人数同比分别增长0.2%、0.8%，环比一季度分别增长1.0%、2.3%，这为城镇调查失业率下降奠定了基础。

经济结构优化升级扩充就业容量。服务业是国民经济第一大产业，也是吸纳就业最多的产业。2023年，服务业就业人员占全部就业人员的比重为48.1%，比第二产业高19个百分点。服务业具有劳动密集度高、就业容量大的特点，从我国近五年数据看，第三产业就业带动效率比第二产业高出23%，与20%左右的国际经验水平相当。服务业持续恢复带动相关行业就业增长，二季度服务业就业人员同比增长2.2%，其中住宿和餐饮业、批发和零售业、文化体育和娱乐业、租赁和商务服务业等行业就业增幅较大，有力支撑了就业增量扩容。此外，新产业、新业态、新商业模式蓬勃发展，不断催生就业新岗位，民宿管家、工业互联网运维员、生成式人工智能系统应用员、网络主播等职业接连"上新"，进一步拓展了就业空间。第九次全国职工队伍状况调查显示，新就业形态劳动者达8400万人，占职工总数的21%。

稳就业政策红利释放助力就业稳定。党中央坚持把就业工作摆在治国理政的突出位置，强化就业优先政策，健全就业促进机制，有力促进高质量充分就业。各地区各部门抓紧落实稳就业各项举措，统筹推进稳岗支持和扩岗激励，全力促进高校毕业生、农民工等重点群体和困难群体就业，多渠道拓展就业空间，提升职业技能培训质量，提高就业服务水平，为就业稳定创造了有利条件。上半年，阶段性降低失业保险费率为企业减少成本859亿元，向136万人次发放技能提升补贴23亿元，帮扶困难人员就业84万人。

同时也要看到，就业总量压力依然存在，就业难、招工难并存的结构性矛盾比较突出，重点群体就业压力不减，随着高校毕业生集中进入劳动力市场，青年失业率或将季节性走高，稳就业依然面临不少挑战。

三、制造业向好发展夯实实体经济根基

制造业是实体经济的根基，对于国家经济实力和综合国力提升具有不可替代的作用。今年以来，尽管国内有效需求不足等制约企业生产经营的问题客观存在，但得益于外需回暖、新动能培育、政策支撑等因素，制造业规模壮大、结构升级、发展向好，既是上半年经济运行的一个亮点，也是下半年稳定增长的重要支撑。上半年，制造业增加值同比增长6.3%，快于经济增速1.3个百分点，占GDP比重达27%，保持稳定。制造业发展呈现几个鲜明特点：

外需回暖带动工业品出口加快。今年以来，世界经济温和复苏，叠加部分经济体补库需求增加以及全球电子行业周期性上行等因素影响，外需总体上有所改善。我国外贸企业抓住全球贸易回暖机遇，积极抢订单拓市场，重点产品出口优势持续巩固，工业品出口增长加快，对工业生产扩张带动作用明显。上半年，规模以上工业企业出口交货值同比增长3.3%，累计增速年内逐月加快；其中二季度增长5.2%，比一季度加快4.4个百分点，连续5个季度保持回升态势。主要工业品出口行业中，铁路船舶航空航天和其他运输设备制造业、汽车制造业、金属制品业出口交货值分别增长22.2%、19.6%、17.3%，带动相关行业生产较快增长。

新质生产力驱动制造业提质发展。我国制造业正处在从数量扩张向质量提高转变的重要关口期，推动制造业加速向中高端迈进，是实现高质量发展的战略选择。今年以来，新质生产力持续赋能新型工业化发展，制造业高端化、智能化、绿色化步伐加快，不断释放出增长新动能。从行业看，上半年规模以上装备制造业增加值同比增长7.8%，占全部规模以上工业比重提高至33.3%，是拉动工业增长的

主要力量；数字产品制造业蓬勃发展，通信终端设备制造、集成电路制造行业增加值分别增长18.0%、16.5%。从产品看，集成电路、服务机器人、太阳能电池等智能绿色产品表现亮眼，产量分别增长28.9%、22.8%、17.8%，日益成为新的经济增长点。

政策效应推动相关行业较快增长。推动大规模设备更新和消费品以旧换新，是推动高质量发展的重要举措，既能促进消费、拉动投资，也能增加先进产能、提高生产效率，可谓一举多得。上半年，大规模设备更新政策效应显现，制造业技术改造投资同比增长10.0%，设备工器具购置投资增长17.3%，相关设备行业生产提速，金属冶炼设备、机床数控装置、农产品加工专用设备等产品产量分别增长19.7%、19.2%、49.4%。消费品以旧换新政策引导居民消费潜力逐步释放，也为汽车等行业发展带来了新机遇。上半年，规模以上汽车制造业增加值同比增长9.8%，汽车产量1396万辆，增长5.7%。与此同时，制造业重点产业链高质量发展行动全面实施，创新发展主体不断培育，制造业发展基础得到夯实。截至6月末，累计培育专精特新中小企业已超14万家，其中专精特新“小巨人”企业1.2万家。

四、短期波动不改经济长期向好大势

二季度以来，外部环境复杂性、严峻性、不确定性明显上升，国内结构调整阵痛继续显现，影响经济增长的因素较以往更为复杂。二季度经济增速有所回落，部分指标月度之间出现一定波动，这既有极端天气特别是雨涝灾害多发等短期因素影响，也反映出经济运行面临不少困难挑战，特别是国内有效需求不足的问题比较突出，企业生产经营压力较大，国内大循环不够顺畅。我国正处在转变发展方式、优化经济结构、转换增长动力的攻关期，在这个阶段，由于发展动能转换，一些经济指标在月度、季度间有所波动是难免的。对此，我们既要看到短期波动之“形”，更要把握长期发展之“势”。当前和今后一个时期，我国发展面临的环境仍然是战略机遇和风险挑战并存，但总体上看，机遇大于挑战、有利条件强于不利因素，高质量发展依然是经济发展的主旋律，经济长期向好有基础、有条件、有支撑。

宏观调控发力显效，进一步夯实抵御短期波动的定力。有力有效的宏观调控是社会主义市场经济的显著优势，也是长期以来我国防范和应对各种风险挑战冲击、确保经济平稳健康发展的重要保障。今年以来，宏观政策强化统筹、组合发力，一批聚焦扩内需、惠民生、防风险的政策措施陆续落地显效，既促进了经济持续恢复，也为长远发展积蓄了动能。从实施效果看，大规模设备更新和消费品以旧换新行动带动设备类投资和生产较快增长，对汽车、家电等耐用消费品增长起到了一定的“催化”作用；重大项目建设稳步推进，前期发放的超长期特别国债、地方政府专项债等正在转化为实物工作量；各地区各部门积极调整优化房地产政策，扎实推进保交房工作，支持刚性和改善性住房需求，楼市活跃度有所提升。我国宏观政策工具依然丰富，治理效能不断提升，加力实施宏观政策有条件、有空间，将持续为经济平稳运行、产业转型升级提供政策保障。

全面深化改革不断深入，进一步激发社会主义市场经济的活力。党的十八大以来，全面深化改革锚定发展第一要务，加力破除重点领域体制机制障碍，各领域基础性制度框架基本确立，很多领域实现历史性变革、系统性重塑、整体性重构，市场活力不断激发，为推动高质量发展注入了强劲动力。我国既有超大规模市场的需求优势，又有产业体系配套完整的供给优势，进一步全面深化改革，打通两者结合的断点堵点卡点，将持续增强国内外大循环的动力和活力。党的二十届三中全会胜利召开，有力凝聚了社会各方共识，对进一步全面深化改革作出系统部署，必将进一步解放和发展社会生产力、激活和增强社会活力，为中国式现代化提供强大动力和制度保障。

创新动能持续释放，进一步增强高质量发展的动力。创新是牵动经济社会发展全局的"牛鼻子",是引领发展的第一动力。我国把创新摆在国家发展全局的核心位置,积累了大量高素质劳动者和企业家队伍,高新技术企业已超46万家,人才资源总量、科技人力资源、研发人员总量均居全球首位,在前沿科技领域不断取得新突破,有力推动经济在加快培育新质生产力中"强筋壮骨"。近年来,我国传统产业改造升级步伐加快,新能源、新材料、高端装备制造等战略性新兴产业茁壮成长,人工智能等信息技术应用场景加速落地,带动新消费、新基建等领域发展潜力释放。上半年,科技成果转化服务业投资同比增长17.4%,半导体器件专用设备制造、智能无人飞行器制造行业增加值分别增长30.9%、57.0%。截至6月末,全国新建5G基站54万个,智能算力占算力总规模比重超过30%。创新动能稳步增强,新经济增长点逐步形成,有利于对冲经济下行压力,进一步增强上行动力。

高水平开放走深走实,进一步提升中国市场的磁力。改革开放以来,我国有效统筹国内国际两个市场、两种资源,深度参与全球产业分工和合作,在为全球经济注入强大动能的同时也促进了国内经济长足发展。我国对世界经济增长贡献率连续多年超过30%,出口国际市场份额保持在14%左右较高水平,已成为全球140多个国家和地区的主要贸易伙伴。今年以来,在外部不稳定不确定因素增多的背景下,我国积极维护国际产业链供应链稳定畅通,有效满足世界市场多样化需求,巩固拓展经贸合作"朋友圈",国际循环的质量进一步提升。上半年,集成电路、家用电器等传统优势产品和汽车、船舶等新兴赛道产品出口额均实现较快增长;新设立外商投资企业同比增长14.2%,引资规模处于近十年来高位;免签国家范围不断扩大,各口岸通过免签入境的外国人次增长近2倍,助力中外人员沟通交流。随着开放新机制加快建设,规则、规制、管理、标准等制度型开放稳步推进,国内国际双循环相互促进的开放红利还将继续释放。

综上所述，尽管面临来自国际国内新的困难挑战，但我国经济平稳运行的态势没有变，推动经济转型升级和高质量发展的积极因素继续累积，可以说是短期“形”有波动，长期“势”仍向好。对于经济恢复中遇到的问题，对于高质量发展进程中的挑战压力，要有充分的思想准备，保持足够的历史耐心，采取更有针对性的措施加以解决。只要我们坚持以习近平新时代中国特色社会主义思想为指导，全面学习贯彻党的二十届三中全会精神，高举改革开放旗帜，坚持用改革的办法解决发展中的问题，就能够推动发展潜能加快转化为发展势能，推进中国式现代化阔步向前、行稳致远。

七十五载长歌奋进 赓续前行再奏华章[①]

中共国家统计局党组

2024年，中华人民共和国迎来75周年华诞。75年来，中国共产党领导全国各族人民同心同德、艰苦奋斗、开拓进取，创造了社会主义革命和建设、改革开放和社会主义现代化建设的伟大成就，开创了中国特色社会主义新时代，中华民族迎来了从站起来、富起来到强起来的伟大飞跃。一幅波澜壮阔的历史画卷在徐徐绘就，一曲气壮山河的奋斗赞歌正接力谱写，社会主义中国巍然屹立在世界东方，阔步走上以中国式现代化全面推进中华民族伟大复兴的新征程。

一、经济总量跃居世界第二，综合国力显著增强

我国成功探寻出符合中国国情、充满生机活力的社会主义市场经济制度，极大地解放和发展了社会生产力，经济总量和人均水平大幅跃升，综合国力和国际影响力显著增强。

国民经济快速增长，经济实力空前跃升。1952年，我国国内生产

① 本文系中共国家统计局党组发表于2024年10月1日《求是》的文章。

总值(GDP)仅为679亿元，到1986年突破1万亿元，2000年突破10万亿元，2006年突破20万亿元，此后以每1—2年突破一个10万亿元关口的速度发展，2023年超过126万亿元，稳居世界第二大经济体。按不变价计算，2023年国内生产总值比1952年增长223倍，年均增长7.9%。

人均GDP显著提高，跻身中等偏上收入国家行列。1952年，我国人均GDP仅119元。经过长期努力和发展，我国人均GDP稳步提升。2019年人均GDP达到70078元，按年平均汇率折算为10158美元，首次突破1万美元；2023年达89358元，比1952年实际增长89倍，年均增长6.5%，按年平均汇率折算为12681美元，跃升至中等偏上收入国家行列。

综合国力跃居世界前列，国际影响力日益彰显。新中国成立初期，我国经济体量小，占世界经济比重低，随着经济持续发展，尤其是改革开放深入推进，我国经济持续快速增长，逐渐成为世界经济增长的重要引擎和稳定力量。2023年我国经济总量占世界的比重升至17%左右，1979—2023年对世界经济增长的年均贡献率为24.8%，居世界首位。我国已成为全球制造业第一大国、货物贸易第一大国、商品消费第二大国以及外汇储备第一大国，是国际体系的重要参与者、建设者、贡献者。

二、基础产业和基础设施日益雄厚，社会生产力大幅提升

我国基础产业和基础设施建设取得丰硕成果，工农业生产和能源供给保障能力不断增强，基础设施建设投入之大、速度之快世所罕见，为经济社会发展奠定了坚实的物质技术基础。

工农业生产能力突飞猛进，主要产品产量全球第一。新中国成立初期，我国产业门类较为单一，主要工农产品供给不足。随着工农业快速发展，粮食生产能力稳步提升，粮食总产量由1949年的2264

亿斤增加到2023年的13908亿斤，谷物、肉类、水果等农产品产量居全球首位；建成了独立完整、门类齐全的现代工业体系，制造业增加值连续14年位居世界首位，在500种主要工业产品中，有四成以上产品产量全球第一。

综合立体交通网络日趋完善，现代基础设施建设领跑全球。面对新中国成立初期交通设施陈旧匮乏的制约，我国持续推动交通运输事业发展，建成了全球最大的高速铁路网、高速公路网和港口集群，铁路和公路客货运输量、港口货物吞吐量等居世界第一。2023年末，我国铁路营业里程达15.9万公里，比1949年增长6倍；公路里程达544万公里，增长66倍。国际物流通道不断拓展，2023年中欧班列年开行数量比2016年增长近10倍。

邮电通信建设成绩斐然，信息通信网络全球领先。新中国成立初期邮政通信网规模小、效率低，经过75年发展，建成了全球规模最大的邮政快递网、光纤和移动宽带网。2023年末，全国邮政营业网点达46.8万处，光缆线路总长度达6432万公里，互联网宽带接入端口达11.4亿个。党的十八大以来，邮政通信业全面提速增效。2013—2023年，邮政行业业务收入年均增长20.4%。5G网络建设领跑全球，2023年末5G基站数全球占比超过60%。

能源供应量增质升，安全保障能力明显增强。经过75年发展，我国逐步形成煤、油、气、核、新能源和可再生能源多轮驱动的多元供应体系，一次能源生产总量由1949年的0.2亿吨标准煤增至2023年的48.3亿吨标准煤；原煤产量由0.3亿吨增至47.1亿吨，原油产量由12.0万吨增至2.1亿吨，天然气产量由0.1亿立方米增至2324亿立方米，发电量由43亿千瓦时增至9.5万亿千瓦时，成为世界能源生产第一大国。能源技术革命深入推进，清洁能源较快发展，目前已建成全球最大的清洁能源生产供应系统，可再生能源发电总装机占全球比重近四成，天然气、一次电力及其他能源等清洁能源消费占能源消费总量比重由1957年的3.1%提高至2023年的26.4%。

三、经贸大国地位日益巩固，全方位开放新格局逐步形成

新中国成立75年特别是改革开放以来，我国始终坚持独立自主、互利共赢的原则，不断探索中国特色的对外开放之路，积极参与国际经济合作和竞争，实现了从封闭半封闭到全方位开放的伟大历史转变。

货物贸易规模稳居世界首位，贸易强国建设扎实推进。新中国成立初期，产业基础薄弱，加上西方国家经济封锁，我国对外经贸交流相对有限，货物贸易规模较小。改革开放以来特别是加入世界贸易组织后，我国加速融入经济全球化，对外贸易驶入快车道，2012年货物进出口总额比1978年增长186倍。党的十八大以来，我国实行更加积极主动的开放战略，贸易大国地位日益巩固。2013—2023年，货物进出口总额年均增长4.0%，快于同期全球贸易增速1.6个百分点，国际市场份额从1978年的不足1%提升到2023年的12.4%；服务贸易规模在全球位次从第34位提升至第4位。

双向投资规模名列前茅，中国市场磁吸力不断增强。75年来，我国逐步放宽外资市场准入，持续优化营商环境，对外投资步伐不断加快。2023年，我国实际利用外商直接投资1633亿美元，比1983年增长176倍；对外非金融类直接投资1301亿美元，比2003年增长61倍。党的十八大以来，双向投资质量进一步提升。2023年，高技术产业吸收外资占全部吸收外资比重升至37.3%，对共建"一带一路"国家非金融类直接投资占全部对外非金融类直接投资比重接近1/4。

对外经贸合作不断深入，制度型开放水平显著提升。党的十八大以来，我国加快构建开放型经济新体制，有效拓展国际经贸合作空间。2023年，22个自贸试验区合计进出口额占全部进出口总额的比重达18.4%，海南自由贸易港进出口额连续3年两位数增长。我国

已与150多个国家、30多个国际组织签署了230多份共建“一带一路”合作文件，中欧班列通达欧洲25个国家200多个城市，广交会、进博会、服贸会等大型展会日益成为深化国际合作的重要平台。

四、经济结构优化升级，发展协调性明显提升

我国三次产业不断壮大，有效需求持续扩张，区域协调发展稳步推进，城乡融合发展蹄疾步稳，经济发展的可持续性明显增强。

三次产业协同发展，产业结构迈向中高端。随着工业化、城镇化进程加快，我国逐步改变了新中国成立初期农业为主的产业结构，二、三产业比重稳步提升。党的十八大以来，产业协同发展和优化升级态势更加明显。2023年，第一、二、三产业比重分别为7.1%、38.3%、54.6%。从内部看，现代农业加快发展，规模以上高技术制造业增加值占全部规模以上工业增加值的比重达15.7%，信息传输、软件和信息技术服务业等现代服务业增加值占GDP的比重不断提升。

需求结构不断优化，内需主引擎作用凸显。新中国成立初期，我国经济基础薄弱，市场需求规模小，“三驾马车”对经济增长的拉动都相对偏弱。随着经济持续发展，我国需求结构不断优化，特别是党的十八大以来，扩大内需战略稳步实施，内需主动力作用不断凸显。2023年，最终消费支出、资本形成总额、货物和服务净出口占GDP比重调整为55.7%、42.1%、2.1%。2013—2023年，内需对经济增长贡献率平均达95.3%，其中最终消费支出贡献率为53.9%。

区域经济联动发展，新的增长极带动效应显现。75年来，我国坚持创新和完善区域发展政策，着力推动区域经济均衡发展。特别是党的十八大以来，随着区域重大战略和区域协调发展战略深入实施，区域发展新格局加快形成。2013—2023年，中部、西部地区生产总值年均分别增长6.9%、7.1%，快于东部地区。2023年，长江经济带地区、长三角地区生产总值占比分别达46.7%、24.4%。

城镇化水平稳步提高，城乡统筹发展取得新成效。 新中国成立之初，我国城乡二元结构比较明显。1949年末城镇化率仅为10.64%，1978年末也只有17.92%。随着工业化发展，户籍约束逐渐松绑，城乡间要素流动加快，我国城镇化进程提速。2023年末，常住人口城镇化率为66.16%，比1978年末提高48.24个百分点。党的十八大以来，新型城镇化持续推进，乡村振兴战略稳步实施，我国城乡发展更趋均衡。2023年，城乡居民人均可支配收入比由2012年的2.88∶1缩小至2.39∶1。

五、创新型国家建设成果丰硕，发展新动能积聚增强

我国始终高度重视创新在国家发展全局中的重要作用，把科技自立自强作为国家发展的战略支撑，逐步实现了从追踪跟跑到并跑领跑的历史性转变，成长为世界上具有重要影响力的科技大国。

科创投入持续增加，国家创新体系更加健全。 新中国成立初期，国家科技力量薄弱。随着科教兴国等战略深入实施，科技事业蓬勃发展。2023年，我国研究与试验发展经费支出超3.3万亿元，自2013年起成为世界第二大研发经费投入国；与GDP之比为2.64%，超过欧盟国家平均水平。研发人员全时当量达724万人年，比1991年增长9.7倍。2023年末，我国拥有的全球百强科技创新集群数量跃居世界首位，目前高新技术企业数量超46万家。

科技创新成果不断涌现，科技产出量质齐升。 面对新中国成立初期的技术难题和国际封锁，我国经过艰苦奋斗，取得了以“两弹一星”为代表的首创成果，举国振奋。改革开放特别是党的十八大以来，科技体制改革深入推进，创新引领作用凸显，载人航天、探月探火、深海深地探测、超级计算机、量子信息、大飞机制造等领域不断取得新突破。我国创新指数在全球排名从2012年的第34位跃升到2023年的第12位，发明专利申请量、专利合作条约（PCT）国际专利

申请量多年蝉联世界第一。

新动能新优势培育壮大，新质生产力加快发展。党的十八大以来，我国加快塑造发展新动能新优势，新质生产力在实践中形成并展示出对高质量发展的强劲推动力、支撑力。2013—2023年，规模以上装备制造业、高技术制造业增加值年均分别增长8.7%、10.3%。截至2023年末，已培育421家国家级智能制造示范工厂、万余家省级数字化车间和智能工厂；数字经济规模连续多年稳居世界第二。2023年“三新”经济增加值相当于GDP的比重为17.73%，比2016年提高2.4个百分点。

六、民生福祉稳步增进，幸福感获得感安全感持续提升

我国坚持以人民为中心的发展思想，不断解决关系人民切身利益的突出问题，人民生活水平实现了从温饱不足到总体小康再到全面小康的历史性跨越。

就业形势长期稳定，就业结构持续优化。75年来，在社会生产力不断发展的同时，我国实现了经济发展与扩大就业的有效联动，就业市场不断扩容提质。2023年，全国就业人员74041万人，比1949年扩大3.1倍；第二、三产业就业人员占全国就业人员比重分别为29.1%、48.1%，比1952年提高21.7个、39.0个百分点。党的十八大以来，就业空间不断拓展，就业形势保持稳定，14亿多人口的大国实现了比较充分的就业。2013—2023年，城镇新增就业人数累计超过1.4亿人，城镇调查失业率保持稳定。

居民收入较快增长，消费水平持续提升。75年来，我国持续推动经济发展和收入分配格局优化，居民收支状况不断改善。特别是改革开放以来，随着经济实力进一步发展壮大，居民收入快速增长，消费水平明显提升。2023年，全国居民人均可支配收入达39218元，扣除价格因素比1949年实际增长76倍，年均增长6.0%；居民人均消

费支出26796元，比1956年实际增长36倍，年均增长5.5%。居民消费结构优化升级，耐用消费品加速迭代。2023年，全国居民人均服务性消费支出占比为45.2%，比2013年提高5.5个百分点；居民每百户家用汽车拥有量、空调拥有量分别增加至49.7辆、145.9台。

多层次社会保障体系加快构建，民生保障网织密兜牢。75年来，我国社会保障从无到有、从小到大，建成世界上规模最大的社会保障体系。2023年末，全国参加基本养老保险人数达10.66亿人，比1989年末增加10.09亿人；参加失业、工伤保险人数分别达2.44亿人、3.02亿人，比1994年末增加1.64亿人、2.84亿人。各类保障性住房建设扎实推进，养老服务加快发展，儿童福利和未成年人保护体系不断完善，社会保障网有力发挥了可持续的托底作用。

脱贫攻坚战取得全面胜利，为全球减贫事业作出突出贡献。75年来，我国持续致力于解决贫困难题，扎实推进扶贫开发工作，促进人民生活实现跨越式发展。党的十八大以来，我国把脱贫攻坚作为全面建成小康社会的底线任务。经过8年接续奋斗，到2020年底9899万农村贫困人口全部脱贫，832个贫困县全部摘帽，12.8万个贫困村全部出列，完成了消除绝对贫困的艰巨任务，提前10年实现联合国2030年可持续发展议程减贫目标，谱写了人类反贫困历史新篇章。

七、社会事业繁荣发展，公共服务水平不断提高

我国大力发展各项社会事业，全社会受教育水平显著提高，公共文化服务能力不断增强，医疗卫生体系逐步完善，竞技体育和群众体育硕果累累，社会发展不断取得新进展。

教育水平持续提升，人口红利加快向人才红利转化。新中国成立初期，我国八成以上人口是文盲。随着教育优先发展战略等稳步实施，我国教育总体发展水平跃居世界中上行列。2023年，学前教育毛入园率、九年义务教育巩固率、高中阶段毛入学率分别达91.1%、

95.7%、91.8%。高层次人才培养步伐加快，2023年我国高等教育毛入学率超过60%，规模已位居世界第一；劳动年龄人口平均受教育年限提高至11.05年。

文化事业繁荣发展，文化软实力日益增强。经过75年发展，我国文化服务设施日趋完善，为满足人民群众文化需要提供有力支撑。2023年末，全国共有公共图书馆、备案博物馆数量达到1949年的59倍、325倍，全年出版各类图书超百亿册(张)。文化产业蓬勃发展，文艺精品层出不穷，中华文化国际影响力持续提升。2022年，文化及相关产业增加值占GDP的比重比2013年提高0.77个百分点；文化产品进出口总额从2012年的888亿美元增长到2023年的1622亿美元。

医疗卫生事业不断进步，国民健康水平持续提高。经过75年发展，我国医疗资源更加丰富，逐步建立健全医疗卫生体系，有效保障人民群众享受基本医疗服务。2023年末，全国共有医疗卫生机构107万个，卫生技术人员1249万人。党的十八大以来，医疗卫生体制改革进一步深化，居民健康水平有效提升。2023年底，全国基本医疗保险参保人数13.34亿人，参保覆盖率自2018年起持续稳定在95%以上。2020年，人口预期寿命达77.93岁，比1949年提高43岁，高于中高收入国家平均水平。

体育事业取得长足进步，竞技体育和群众体育齐头并进。75年来，我国体育事业从落后走向全面繁荣，竞技体育迭创佳绩，群众体育蓬勃发展。1984年，新中国首次参加夏季奥运会并实现金牌“零”的突破；2008年，北京成功举办第29届夏季奥运会，我国体育代表团所获金牌数首次位列金牌榜首；2022年，北京第24届冬季奥运会上我国体育代表团金牌数和奖牌数创历史新高。1949—2023年，我国运动员共获得世界冠军3913个。群众健身设施和服务供给不断增加，2023年末全国共有体育场地459.3万个，面积达40.7亿平方米。

七十五载峥嵘岁月，我们见证了天翻地覆慨而慷的伟大胜利，经历了春风化雨润沧桑的改革开放，迈上了全面建设社会主义现代化国家的新征程，一个又一个彪炳史册的人间奇迹让中华民族在世界东方熠熠生辉。回首来时路，我们之所以能够取得今天的辉煌成就，关键在于始终毫不动摇坚持党的全面领导，坚持以人民为中心、充分尊重人民主体地位和首创精神，坚持走中国特色社会主义道路，坚持深化改革开放，坚持以发展为第一要务，不断解放和发展先进生产力，把人民对美好生活的向往一步步变成可感可及的现实。

知所从来，思所将往。站在新的历史起点上，我们要更加紧密地团结在以习近平同志为核心的党中央周围，坚定不移高举中国特色社会主义伟大旗帜，以进一步全面深化改革开辟中国式现代化广阔前景，以高质量发展奋力书写中国式现代化新篇章，为实现中华民族伟大复兴的中国梦而努力奋斗！

国民经济运行稳中有进 向上向好因素累积增多①

中共国家统计局党组

今年以来，面对外部压力加大、内部困难增多的复杂严峻形势，以习近平同志为核心的党中央团结带领全国各族人民攻坚克难、沉着应对，加大宏观调控力度，着力深化改革开放、扩大国内需求、优化经济结构，我国经济运行总体平稳、稳中有进，新质生产力加快培育，高质量发展扎实推进。9 月 26 日，中央政治局召开会议及时部署实施一揽子增量政策，随着存量政策和增量政策协同发力，市场预期逐步改善，发展活力不断增强，主要经济指标回升好转，推动经济向上向好的积极因素明显增多。

一、整体看，中国经济运行总体平稳、稳中有进

今年以来，中国经济在一个更加复杂严峻的环境下谋求发展，世界经济复苏乏力，地缘政治冲突和国际贸易摩擦频发，国际环境波谲云诡，同时还要克服国内结构调整带来的阵痛，挑战之巨、困难之大，

① 本文系中共国家统计局党组发表于 2024 年 11 月 1 日《求是》的文章。

可想而知。在这样的复杂局面下，月度、季度间部分经济指标难免会出现一定波动，但不会改变中国经济向好大势，要跳出短期波动、综合全面地看待我国经济发展态势。

从宏观指标看，“稳”的态势有效延续。从经济增长、就业、物价、国际收支这四大宏观指标，通常可以观察一个经济体运行的总体状况。前三季度，我国经济持续增长，就业形势稳定，物价温和上涨，国际收支基本平衡，是宏观经济大盘“稳”的清晰写照。从经济增长看，前三季度国内生产总值（GDP）95万亿元，同比增长4.8%，在复杂内外环境下，仍保持了5%左右的增长水平，在世界主要经济体中位居前列。分季度看，一、二、三季度GDP同比分别增长5.3%、4.7%、4.6%，虽然增速稳中略缓，但所创造的经济增量逐季扩大，分别达到1.19万亿元、1.22万亿元、1.29万亿元。从就业看，尽管面临结构性就业压力，但得益于经济体量增大、经济结构优化以及稳就业政策支持，就业形势保持稳定。前三季度，全国城镇调查失业率均值为5.1%，比上年同期下降0.2个百分点，其中9月份为5.1%，比上月下降0.2个百分点。从价格看，有效需求继续恢复，供需关系逐步改善，物价也随之温和回升。前三季度，居民消费价格指数（CPI）同比上涨0.3%，分季度看，一季度CPI同比持平，二、三季度分别上涨0.3%、0.5%，涨幅逐季扩大。从国际收支看，我国抓住外需回暖的有利契机，不断开拓国际市场，积极培育外贸新动能，对外贸易量增质优成为今年经济运行的一大“亮点”和“增长点”。前三季度，货物贸易进出口总额32万亿元，规模创历史同期新高，同比增长5.3%；货物和服务净出口对经济增长的贡献率为23.8%。外汇储备时隔9年再超3.3万亿美元，人民币汇率稳中有升。

从发展质量看，“进”的步伐坚定有力。在经济稳定运行的同时，各方面锚定高质量发展不动摇，完整、准确、全面贯彻新发展理念，因地制宜发展新质生产力，有力促进了动能培育壮大、结构调整优化、民生持续改善。从新质生产力发展看，科技创新持续赋能，新领域新赛道不断拓宽发展，制造业高端化、智能化、绿色化发展的势头愈加明显。前三季度，规模以上高技术制造业、装备制造业增加值同比分别增长 9.1%、7.5%，占规模以上工业增加值比重分别达 15.9%、33.8%；航空航天等高端产业和新能源汽车等新兴产业蓬勃发展，光电子器件、虚拟现实设备、太阳能电池等产品产量保持两位数增长。数字经济方兴未艾，人工智能加快发展，信息传输、软件和信息技术服务业增加值同比增长 11.3%。从绿色低碳转型看，传统行业节能降碳改造稳步推进，清洁能源快速发展，生态环境质量改善，经济发展的“含绿量”提升。前三季度，非化石能源消费量占能源消费总量比重同比提高 2.6 个百分点；初步测算，规模以上工业单位增加值能耗同比降幅比上半年扩大 0.8 个百分点；339 个地级及以上城市平均空气质量优良天数比例达 85.8%，同比提高 1.6 个百分点。从基本民生保障看，居民收入持续增加，兜底保障不断增强，人民生活水平进一步提高。前三季度，居民人均可支配收入 30941 元，同比名义增长 5.2%，其中人均社会救济和补助收入、人均养老金或离退休金分别增长 11.5%、8.1%；农村居民收入增速继续快于城镇居民，城乡居民人均可支配收入之比为 2.46，同比缩小 0.05。

二、动态看，推动经济向上向好的积极因素明显增多

观察宏观经济运行，除了看基本面的运行态势，还要关注动态的边际变化。针对经济运行中出现的新情况新问题，党中央、国务院科学决策、果断出手，加快落实主要改革举措，加快实施存量政策，特别是 9 月下旬以来一揽子增量政策落地实施，极大提振了市场信心，提升了发展活力，增强了内生动能，推动经济向上向好的积极因素明显增多。

9 月份以来主要指标边际改善比较明显。随着存量政策加快落

地、政策效应持续显现以及一揽子增量政策及时出台、稳步落地，工业、服务业、消费、投资等主要指标出现企稳回升的良好势头。从生产端看，9 月份规模以上工业增加值同比增长 5.4%，比上月加快 0.9 个百分点，在连续 4 个月回落后首次回升；服务业生产指数增长 5.1%，加快 0.5 个百分点。从需求端看，9 月份社会消费品零售总额同比增长 3.2%，比上月加快 1.1 个百分点；固定资产投资累计增速与 1—8 月份持平，结束了 4 月份以来逐月放缓的态势；国庆假期旅游市场热度不减，国内出游人次、出游总花费按可比口径同比分别增长 5.9%、6.3%。从市场价格看，重要生产资料价格止跌上涨，10 月中旬与 9 月中旬相比，流通领域 50 种重要生产资料中 31 种产品价格上涨、19 种下降。作为供需状况的集中反映和经济运行的先行指标，价格的回升释放出经济循环趋于改善、经济发展逐步向好的积极信号。

“两新”“两重”政策持续发力显效。“两新”（大规模设备更新和消费品以旧换新）、“两重”（国家重大战略实施和重点领域安全能力建设）政策是今年经济工作的重要发力点，也是扩大内需、推动高质量发展的重要抓手。三季度以来，“两新”政策加力扩容，3000 亿元国债资金全数下达，相关配套细则和支持政策陆续出台；“两重”工作持续发力，项目建设和资金拨付加快推进。在各方面共同努力下，政策效能加速释放，有效激发了内需潜力。前三季度，设备工器具购置投资同比增长 16.4%，对全部投资增长的贡献率达到 61.6%，比上半年提高 6.8 个百分点；9 月份限额以上单位家用电器和音像器材类商品零售额增长 20.5%，比上月大幅加快 17.1 个百分点，汽车类、家具类、文化办公用品类商品零售额增速均由负转正。在需求端改善的同时，政策效应也通过经济循环向供给端传导，推动相关领域生产加快。前三季度，食品制造机械、农产品加工专用设备、金属冶炼设备等与设备更新有关的产品产量同比分别增长 38.1%、34.6%、13.2%；新能源汽车、家用冷柜、房间空气调节器等与消费品以旧换新有关的产品产量也保持较快增长。“两重”项目建设持续推进，实物工作量有序形成，为经济稳定增长注入更多动力。目前，1 万亿元超长期特别国债中用于“两重”建设的 7000 亿元全部落实到项目；已安排体现“两重”性质和国家意志的重大项目 1465 个，支持沿江高铁、东北高标准农田建设、“双一流”高校、城市地下管网、重点领域节能降碳改造、“三北”工程等重大项目加快建设。

市场活跃度有所提升。近期一系列利好政策接连出台落地，提升了股市和楼市活跃度，股市回暖上涨，房地产市场成交量增加。9 月份，沪深两市股票成交量由上月同比下降 15.3%转为增长 32.7%；截至 10 月 22 日，上证综指、深证成指收盘价分别比 9 月份低点上涨 21.5%、32.3%。房地产市场仍在调整，但相关指标降幅收窄，表明政策对推动房地产止跌回稳发挥了积极作用。前三季度，新建商品房销售面积同比降幅比 1—8 月份收窄 0.9 个百分点，连续 4 个月收窄；新建商品房销售额降幅也收窄了 0.9 个百分点，连续 5 个月收窄；房地产开发投资同比降幅收窄 0.1 个百分点。“十一”黄金周期间多地楼盘到访量和成交量上升，刚性和改善性住房需求逐步释放。

企业预期和信心逐步增强。随着宏观政策持续发力显效，市场预期趋于改善，企业对下阶段生产经营总体看好。9 月份，制造业采购经理指数(PMI)升至 49.8%，比上月回升 0.7 个百分点，其中生产指数为 51.2%，上升 1.4 个百分点，重回扩张区间。一些重点监测的行业，无论是新兴产业还是传统产业，景气度都有所改善。9 月份，高技术制造业、装备制造业 PMI 分别为 53.0%、52.0%，比上月上升 1.3、0.8 个百分点，继续保持良好发展态势；消费品行业 PMI 为 51.1%，上升 1.1 个百分点。现代服务业活跃度提升，9 月份互联网软件及信息技术服务、货币金融服务、电信广播电视及卫星传输服务等行业商务活动指数均位于 55%以上较高景气区间。企业经营信心有所增强。三季度，规模以上工业企业对四季度的综合经营状况预期指数环比、同比分别上升1.2、1.1个点。调查的6万余家规模以下小微工业企业中，预计四季度生产增速加快或持平的企业比重达84.4%，环比上升0.3个百分点。

三、下阶段，中国经济向好发展态势有望不断巩固

今年前三季度，面对复杂局面，中国经济顶住压力，“稳”的态势有效延续、“进”的步伐坚定有力、“好”的因素正在累积，成绩的取得殊为不易。展望下阶段，我们既要看到挑战、困难、风险的一面，更要看到机遇、优势、有利的一面。当前世界经济复苏动能偏弱，全球经济碎片化程度加剧，贸易保护主义愈演愈烈，地缘政治扰动持续，不稳定不确定难预料因素增多。中国经济仍处于结构调整和转型升级的爬坡过坎期，前进中的问题、发展中的烦恼还在考验着我们的智慧和勇气，比如国内需求不足，部分行业企业生产经营困难较多，一些领域风险仍待化解等。对于这些困难和问题，党中央、国务院已经进行了系统的研究部署，各地区各部门正在加力推进解决，一些问题已经有所缓解。同时更要看到，我国依然拥有坚实的物质技术基础、强大的经济韧性潜力和有效的宏观调控等多重优势，推动经济高质量发展的新兴力量也展现出蓬勃生机，中国经济向好发展有支撑、有基础、有底气。

从基本面看，经济韧性强、潜力大、空间广等有利条件依然较多。 从供给能力看，经过改革开放40多年的发展和积淀，我国建成了全球最完备的产业体系、便利的软硬件基础设施网络，产业门类全、产品品种多、生产质量优的优势持续显现，制造业规模连续14年居世界首位，前三季度制造业对经济增长的贡献率达32.2%，同比提高11.2个百分点。从市场空间看，我国有14亿多人口、人均GDP超过1.2万美元，居民衣食住行和精神文化需求潜力巨大，短板领域、薄弱环节和新领域新赛道投资还有很大空间，新型消费、新基建等领域发展

活力也在不断释放。前三季度，固定资产投资（不含农户）、社会消费品零售总额分别达到37.9万亿元、35.4万亿元。随着全国统一大市场建设深入推进，需求潜力和发展空间还将继续拓展。从人力资源看，我国劳动年龄人口达8.6亿左右，劳动力资源依然丰富、素质不断提高，新增劳动力平均受教育年限超过14年，接受高等教育的人口达2.5亿，研发人员总量居世界首位，能够为高质量发展提供人才支撑和智力保障。目前我国已涌现出1.46万家专精特新"小巨人"企业，1—8月份发明专利授权量同比增长20%以上。

从内在规律看，经济有望不断向潜在增长水平回归。我国经济发展起步期，经济潜在增长率保持在较高水平；随着发展阶段变化，资源要素约束增强，潜在增长率有所降低。但与发达国家相比，我国人均GDP仍然偏低，工业化城镇化尚未完成，当前科技创新和产业升级稳步推进，高储蓄率支持资本持续积累，人口红利加快向人才红利转化，这些都决定了我国潜在增长率仍保持在中高速水平。综合相关机构的研究结果看，现阶段我国经济潜在增长率仍在5%—5.5%左右。近年来受需求偏弱、循环不畅等影响，经济增速总体上低于潜在增长水平。2023年我国经济增长5.2%，今年前三季度GDP同比增速接近5%，环比连续9个季度实现正增长，展现了经济的较强韧性和回弹能力。下阶段，随着扩内需稳外需的政策持续发力显效，市场需求有望进一步扩大，带动经济循环改善畅通，有助于推动经济向潜在增长水平回归。

从动力支撑看，新质生产力不断创造新增长点。发展新质生产力是推动高质量发展的内在要求和重要着力点。我国坚持把科技自立自强作为战略支撑，深入推进科技创新成果转化应用，以科技创新驱动产业升级，加快形成新质生产力，有助于对冲下行压力、增强上行动力。前三季度，高技术产业投资对全部固定资产投资增长贡献率达27.1%，规模以上高技术制造业增加值对规模以上工业增加值增长贡献率达24.4%，量子技术、5G通信、新能源等领域已处于世界领先水平，正在逐步塑造经济发展新动能新优势。还要看到，我国科技实力稳步提升，创新活动更加活跃，世界知识产权组织报告显示，2024年我国创新指数居全球第11位，比上年提升1位，是10年来创新力上升最快的经济体之一；我国拥有的全球百强科技创新集群数量连续两年位居世界第一。下阶段，随着因地制宜发展新质生产力体制机制加快健全完善，创新潜能进一步激发释放，科技进步贡献率有望继续提升。

从政策支撑看，经济回升向好保障不断增强。今年以来，我国经济能够保持稳定运行，近期许多领域出现积极变化，与有力有效的宏观调控密不可分。当前，各地区各部门正在加力提效落实存量和增量政策，宏观政策合力有望逐步增强，为经济回升向好提供有力支撑。我国通胀率、财政赤字率、政府债务率较低，政策工具箱储备依然充足，加之全球主要经济体进入降息周期，将为我国政策发力创造更大空间。党的二十届三中全会对进一步全面深化改革、推进中国式现代化作出了重要部署，将有力破解深层次体制机制障碍和结构性矛盾，进一步解放和发展生产力、激发和增强社会活力，持续为经济平稳运行注入强劲动力。

道阻且长，行则将至。我们要认真贯彻落实党的二十届三中全会和中央政治局会议决策部署，正视困难、坚定信心，切实增强做好经济工作的责任感和紧迫感，坚持稳中求进工作总基调，坚持高质量发展这个首要任务不动摇，统筹今明两年，兼顾当前长远，铆足干劲、狠抓落实，加快把党中央、国务院决策部署转化为推动经济高质量发展的新成效，巩固和增强经济回升向好态势，推动中国经济乘风破浪、行稳致远！

中国经济乘风破浪稳健前行[①]

中共国家统计局党组

2024年是实现"十四五"规划目标任务的关键一年，也是我国经济发展历程中极不寻常、极不平凡的一年。面对外部压力加大、内部困难增多的复杂严峻形势，以习近平同志为核心的党中央团结带领全党全国各族人民沉着应变、综合施策，因时因势加强和创新宏观调控，特别是9月26日中央政治局会议果断部署一揽子增量政策，推动经济运行明显回升，社会信心有效提振，对全年发展预期目标顺利实现起到了决定性作用。中国经济沿着高质量发展轨道乘风破浪、稳健前行，"稳"的态势巩固延续，"进"的步伐坚实有力，"新"的动能逐步壮大。

一、经济实力持续增强，主要目标任务顺利实现

回望2024年，世界经济增长动能不足，大国博弈和地缘政治冲突加剧，贸易保护主义愈演愈烈，外部环境变化带来的不利影响加深，国内长期积累的一些结构性矛盾比较突出，有效需求不足，新旧动能转换阵痛持续释放，重点领域风险隐患较多，保持经济平稳运行难度

① 本文系中共国家统计局党组发表于2025年2月1日《求是》的文章。

加大。以习近平同志为核心的党中央举旗定向、领航掌舵，积极有效应对风险挑战，一系列宏观政策“组合拳”及时出台、发力显效，我国经济运行总体平稳、稳中有进，经济社会发展主要目标任务顺利实现。

着眼大势，我国经济运行保持稳定。从经济增长看，初步核算，2024年国内生产总值（GDP）比上年增长5.0%，经济总量达134.9万亿元，首次突破130万亿元。经济总量稳步提升，意味着我国经济实力、科技实力、综合国力、人民生活水平跃上新台阶，也意味着我国发展基础更牢、结构更优、可持续性更好、抗风险能力更强。从就业看，尽管就业结构性压力犹存，但经济体量不断扩大、服务业吸纳就业能力增强、新产业新业态不断创造新就业形态，为就业扩大创造有利条件，加之就业优先政策不断强化，促进了就业形势总体稳定。2024年，全国城镇调查失业率均值为5.1%，比上年下降0.1个百分点；城镇新增就业1256万人，连续4年超过1200万人。从物价看，2024年居民消费价格指数（CPI）比上年上涨0.2%，保持温和上涨；更能反映供需关系的核心CPI上涨0.5%，四季度以来涨幅逐月回升，反映了市场供求关系有所改善。从国际收支看，2024年货物贸易总额达43.8万亿元，再创历史新高，服务贸易保持活跃，年末外汇储备余额稳定在3.2万亿美元以上。

放眼全球，我国经济表现依然亮眼。我国5%的经济增速在世界主要经济体中名列前茅，不仅明显高于全球3%左右的预计增长水平，也高于美国（2.8%）、欧元区（0.7%）、日本（－0.2%）的预计增速。作为世界第二大经济体，我国对世界经济增长贡献率有望保持在30%左右，继续成为世界经济增长的最大引擎。在单边主义和逆全球化暗流涌动的背景下，我国坚定推行全球化和多边主义，依托强大的产业配套能力和不断完善的基础设施，继续保持全球制造业、货物贸易、外汇储备第一大国以及服务贸易第二大国地位，为世界经济注入稳定向上的正能量。

二、存量和增量政策精准发力，四季度经济明显回升

2024年，面对二、三季度经济下行压力加大的不利局面，党中央聚焦突出问题精准施策，加力实施存量政策，果断部署一揽子增量政策，推动需求回升、生产加快、市场预期明显改善，全年经济运行呈现“前高、中低、后扬”的走势，再次印证了党中央集中统一领导是中国经济坚定前行的根本保证和最大底气。2024年四季度，GDP同比增长5.4%，比三季度加快0.8个百分点，为顺利实现全年目标任务作出了决定性贡献。

内需潜力有效激发。“两重”建设、“两新”工作是2024年宏观政策发力的重要着力点，对提振居民消费、扩大有效投资、加快绿色转型的综合效应持续显现。2024年四季度，消费品以旧换新政策加力显效，居民换购热情得到激发，限额以上单位家用电器和音像器材类、家具类、汽车类、建筑及装潢材料类商品零售额，合计拉动社会消费品零售总额增长约1.0个百分点，比三季度明显提升。在大规模设备更新政策支持下，2024年设备工器具购置投资比上年增长15.7%，增速比上年加快9.1个百分点，对全部投资增长的贡献率达67.6%。

经济循环逐步改善。政策效果逐步从需求端向生产端传导。2024年四季度，规模以上工业增加值、服务业增加值同比分别增长5.7%、5.8%，比三季度加快0.7、1.0个百分点。“两新”政策推动设备制造和消费品制造行业生产快速增长，汽车产量累计增速自10月份起连续3个月回升，全年新能源汽车产量比上年增长38.7%，空调、冰箱等家电产品产量较快增长；包装专用设备、挖掘铲土运输机械等生产设备产量分别增长24.5%、17.3%。在生产加快、需求回暖带动下，企业产能利用和产销衔接状况改善。2024年四季度，规模以上工业产能利用率为76.2%，比三季度提高1.1个百分点，12月份规模以上工业企业产销率升至98.7%的高位水平。

市场信心明显提振。经济运行好转带动企业、居民、政府收入逐步改善，增强了市场活力和信心。2024年全国居民人均可支配收入比上年实际增长5.1%，比前三季度加快0.2个百分点；10、11月份规模以上工业企业利润总额同比降幅分别比上月收窄17.1、2.7个百分点；9月份财政收入当月增速由负转正，10、11月份逐月好转。随着政策组合效应不断释放，房地产市场呈现止跌回稳势头，股票交易活跃度提升。2024年四季度，新建商品房销售面积、销售额由降转增，同比分别增长0.5%、1.0%，房价回稳的积极变化增多；沪深两市股票成交量、成交金额分别比三季度增长1.1倍、1.6倍。四季度以来，制造业采购经理指数(PMI)、服务业商务活动指数均持续位于50%以上的景气区间。

三、新质生产力稳步发展，新动能新优势加快塑造

2024年，我国深入实施创新驱动发展战略，因地制宜发展新质生产力，推动传统产业焕新升级、新兴产业积厚成势，持续为高质量发展注入新动能、塑造新优势。

科技创新实力稳步提升。2024年研发投入力度持续加大，全社会研究与试验发展(R&D)经费投入3.6万亿元，投入强度达2.68%，比上年提高0.1个百分点，进一步接近经济合作与发展组织(OECD)国家平均水平。重大科技成果竞相涌现，集成电路、人工智能、量子通信等领域实现新突破，嫦娥六号首次月背采样，"梦想"号探秘大洋，不断刷新中国科技新高度。我国在全球创新指数中的排名升至第11位，是10年来创新力提升最快的经济体之一，也是拥有全球百强科技创新集群数量最多的国家。知识产权强国建设迈出新步伐，专利成果加速向现实生产力转化。2024年企业发明专利产业化率达53.3%，截至年底国内高价值发明专利拥有量达197.8万件。

传统产业转型升级扎实推进。我国加快推进工业领域技术改

造、设备更新，不断促进传统产业焕发新机。2024年制造业技改投资比上年增长8.0%，快于全部投资增速4.8个百分点。作为传统产业优化升级的重点领域，原材料工业工艺技术装备水平稳步提升，数字化绿色化协同转型加快。2024年化工、建材、钢铁、有色等规模以上工业主要耗能行业单位增加值能耗均比上年下降；年末原材料工业关键工序数控化率已超75%，提前完成"十四五"规划目标。

新兴产业厚植优势步伐加快。以航空航天、电子通信为代表的高技术产业快速增长，制造业向产业链价值链中高端迈进。2024年规模以上高技术制造业增加值比上年增长8.9%，占规模以上工业增加值比重较上年提高0.6个百分点。数字技术、数字基础设施、数据资源持续发展，数字经济赋能千行百业，成为发展新质生产力的重要支撑和关键引擎。2024年信息传输、软件和信息技术服务业增加值比上年增长10.9%，更多无人飞行器点亮夜空，服务机器人、智能家电正在走进千家万户。

绿色生产力蓬勃发展。绿色发展理念更加深入人心，绿色低碳循环发展经济体系不断构建，绿色先进技术加快推广应用，经济发展的"含绿量"持续提升。新能源产业生机勃勃，2024年我国新能源汽车产量达1317万辆，成为世界上首个新能源汽车年产量超千万的国家，带动产业链条上的充电桩、汽车用锂离子动力电池等产品产量快速增长。清洁能源投资持续加大，新型能源体系加快构建，2024年风电、光伏总装机规模超13亿千瓦，提前6年兑现我国在联合国气候雄心峰会上的承诺。

四、改革开放全面深化，发展动力潜力不断激活

2024年，党的二十届三中全会召开，擘画了进一步全面深化改革的宏伟蓝图，部署了300多项重要改革举措，针对制约经济社会发展的深层次矛盾靶向施治，增强了全社会的发展信心，持续激发经济社

会发展的内生动力、创新活力。

全面深化改革纵深推进。以经济体制改革为牵引的各领域改革全面展开,全国统一大市场建设持续加力,产权保护、市场准入、公平竞争、社会信用等市场基础制度不断完善,国内大循环主体地位稳固。2024年社会消费品零售总额、固定资产投资(不含农户)分别达48.8万亿元、51.4万亿元,内需对经济增长贡献率为69.7%,继续发挥经济增长主动力作用。高标准市场体系建设深入推进,“两个毫不动摇”要求进一步落实落细,营商环境持续优化,国企、财税、金融、科技等重点领域改革破立并举,不断开拓更多发展新空间。

高水平对外开放步伐稳健。我国积极融入国际循环,拓展贸易新增长点,支持海外仓建设和跨境电商出口,出口占国际市场份额稳中有升。市场布局多元并进,对外贸易圈、朋友圈不断扩大,已成为全球150多个国家和地区的主要贸易伙伴,与30个国家和地区签署23个自贸协定,自贸伙伴遍及五大洲,持续向世界释放“把开放的大门越开越大”的满满诚意。高质量共建“一带一路”扎实推进,2024年我国对共建“一带一路”国家货物进出口额比上年增长6.4%,占进出口总额比重首次超过50%;中欧班列年度开行量增长10%,累计开行突破10万列。全面取消制造业领域外资准入限制措施,不断扩大服务业开放,引资质量持续提升,2024年高技术制造业引资占比达到11.7%。过境免签政策扩围优化,可信可爱可敬的中国形象得到更广泛认可。2024年免签入境外国人超2000万人次,比上年增长1.1倍。

五、重点领域风险化解有序有效,安全发展基础巩固夯实

2024年,我国更好统筹高质量发展和高水平安全,粮食、能源资源、重要产业链供应链安全水平持续提升,重点领域风险有序化解,为稳定经济运行、应对风险挑战赢得更多主动权。

粮食能源安全根基稳固。"藏粮于地、藏粮于技"战略深入实施，粮食生产支持政策体系不断健全，粮食产量迈上新台阶。2024年粮食总产量达14130亿斤，在连续9年产量超1.3万亿斤的基础上，首次突破1.4万亿斤，中国碗装满了更多中国粮。能源资源安全根基进一步扎牢，主要能源供应稳定增加，能源自给率保持在80%以上。2024年规模以上工业原煤产量创历史新高，原油连续3年稳产2亿吨以上，天然气连续8年增产超100亿立方米，规模以上工业发电量增长4.6%，有力保障了生产生活用能。

产业链供应链韧性增强。围绕发展新质生产力加快布局，产业链供应链优化升级持续加力，2024年制造业投资、高技术产业投资比上年分别增长9.2%、8.0%。制造业优势不断巩固，2024年制造业增加值近34万亿元，比上年增长6.0%；规模以上装备制造业增加值增长7.7%，对产业链上下游带动作用明显；微型计算机设备、手机、汽车等主要工业产品产量稳居世界首位，完备产业体系优势突出。芯片、航天、医疗等重要领域关键核心技术研发实现新突破，高端装备国产化率继续提高，产业链供应链自主可控能力不断增强。

经济金融领域风险有效缓解。各地因城施策、一城一策、精准施策，持续优化房地产政策，继续打好保交房攻坚战，加快构建房地产发展新模式，房地产市场出现积极变化。积极化解地方政府债务风险，推动一揽子、综合性、靶向准的化债组合拳，一次性增加6万亿元地方政府债务限额置换存量隐性债务，其中2024年2万亿元的化债额度已全部分配完毕，释放出了更多财政空间，有效增强了地方经济发展动力活力。健全金融稳定制度，地方中小金融机构改革化险稳步推进，守住了不发生系统性风险底线。

六、促增收补短板重托底，民生保障扎实有力

2024年，各方面坚持在发展中保障和改善民生，更大力度稳就业

促增收，强化社会政策托底，提升社会保障和基本公共服务水平，人民获得感、幸福感、安全感进一步增强。

居民收入稳定增长。经济运行平稳、就业形势稳定带动居民收入继续增加。2024年全国居民人均可支配收入41314元，实际增速与经济增长同步，其中人均工资性收入、经营净收入分别名义增长5.8%、5.6%，是居民增收的主要支撑。农村居民收入增速继续快于城镇居民，城乡居民收入相对差距缩小，人均可支配收入之比由2023年的2.39下降至2024年的2.34。

民生兜底保障力度加大。更加关注困难群众、重点群体生活改善，向部分困难群众发放一次性生活补贴，织密兜牢社会保障网，确保发展成果惠及更多群众。2024年全国居民人均转移净收入比上年名义增长5.3%，其中人均社会救济和补助收入、养老金或离退休金收入分别增长9.8%、7.2%；脱贫人口务工规模连续4年稳定在3000万人以上。民生补短板投入持续加大，2024年电力热力生产和供应业、水利管理业投资比上年分别增长29.7%、41.7%。社会保障覆盖面巩固扩大，参加基本养老保险、失业保险、工伤保险人数继续增加。

基本公共服务水平持续提升。聚焦人民群众对美好生活的向往，着力满足多层次多样性公共服务需求。高等教育资源供给进一步加大，2024年新增普通高中学位60万个，新增高校学生宿舍床位40万张。养老服务功能更加健全，截至2024年10月底，养老机构护理型床位占比提升至62.2%，提前完成“十四五”规划目标。全民健身设施短板不断补齐，截至2024年6月底，“十四五”期间已累计建设体育公园1102个，提前完成规划目标。

回首过去一年不平凡的发展历程，我国克服了内外部复杂环境带来的多重困难挑战，顺利实现了主要预期目标任务，推动经济实现质的有效提升和量的合理增长，高质量发展成色更足、底气更足。展望2025年，中国经济发展面临的机遇与挑战并存，外部环境变化带来的不利影响可能加深，国内转型升级的阵痛还会显现，但我国经济发展长期向好的支撑条件和基本趋势没有改变，发展的“时”与“势”依然占优，推动经济稳定发展的有利因素仍然不少。外部环境危中有机、危中育机将为应变局开新局拓展空间，进一步全面深化改革将不断激发和增强经济活力，因地制宜发展新质生产力将培育更多新增长点，畅通国内大循环将增强经济发展的稳定性，宏观经济治理体系不断健全将进一步强化应对复杂局面的能力。通过改革发力、政策给力，我们完全能够把各方面积极因素转化为发展实绩，推动经济持续回升向好。

中流击水，奋楫者进。“十四五”规划收官之年，我们要更加紧密地团结在以习近平同志为核心的党中央周围，坚持稳中求进、以进促稳，守正创新、先立后破，系统集成、协同配合，实施更加积极有为的宏观政策，狠抓政策落实落细，更好稳定预期、激发活力，不断推动经济向上、结构向优、质效向好，高质量完成“十四五”规划目标任务，为实现“十五五”良好开局打牢基础。

三个维度看中国经济发展趋势[①]

国家统计局党组书记、局长　康义

今年以来，面对日趋复杂的国际环境和艰巨繁重的国内改革发展稳定任务，我国坚持稳中求进、以进促稳、先立后破，有效落实各项宏观政策，经济运行总体平稳、稳中有进，延续回升向好态势，高质量发展扎实推进，社会大局保持稳定，交出了一份可圈可点、成色十足的成绩单。在复杂的内外环境下，能够取得这样的成绩殊为不易、难能可贵，充分彰显了我国经济发展的强大韧性。这种韧性既来源于过去的培土夯基，也来源于现在的开拓进取，还来源于未来的向好支撑。综合来看，虽然前进道路上会遇到各种可以预见和难以预见的风险挑战，但我国经济发展优势多、韧性强、潜能大，经济回升向好、长期向好的基本趋势没有变也不会变。

一、从历史维度看，我国经济实力历史性跃升，增强了战胜风险挑战的底气

党的十八大以来，面对国际环境风云变幻和诸多风险挑战，习近

① 本文系国家统计局党组书记、局长康义发表于2024年9月12日《党委中心组学习》的署名文章。

平总书记以伟大的历史主动精神、巨大的政治勇气、强烈的责任担当，在新的历史关头作出全面深化改革的重大战略决策，着力增强改革的系统性、整体性、协同性，着力激发高质量发展的动力、活力、潜力，引领我国经济社会发展取得新的历史性成就、发生新的历史性变革。这些实践既厚植了社会主义现代化建设的物质、技术、人才等基础，也为战胜前进道路上的风险挑战增添了底气和信心。

（一）经济实力跃上新台阶。我国坚持稳中求进工作总基调，突出固本培元，注重精准施策，把握宏观调控时、度、效，有机结合跨周期和逆周期宏观调控政策，有效抵御了国内外重大风险挑战，有力促进了经济持续健康发展，经济实力、综合国力、国际影响力大幅提升。2013—2023 年，经济实现了年均 6.1%的中高速增长，增速居世界主要经济体前列，对世界经济增长年均贡献率超过 30%，是世界经济增长的最大动力源。国内生产总值（GDP）稳步攀升，2020 年、2021 年、2022 年相继跨越 100 万亿元、110 万亿元、120 万亿元大关，2023 年超过 126 万亿元，按不变价计算比 2012 年增长 92.4%，占世界经济比重达 18%左右，比 2012 年提高约 7 个百分点，稳居世界第二位。人均 GDP 实现新突破，2023 年达 89358 元，按年平均汇率折算达 12681 美元，连续 3 年超过 1.2 万美元，稳居中等偏上收入国家行列。在经济保持中高速增长的同时，就业物价总体稳定，2013—2023 年累计实现城镇新增就业超 1.4 亿人；国际收支基本平衡，近年来外汇储备规模稳定在 3 万亿美元以上。

（二）创新型国家建设成果丰硕。面对全球新一轮科技革命和产业变革带来的激烈竞争，我国坚持创新在现代化建设全局中的核心地位，深入实施创新驱动发展战略，加快推进高水平科技自立自强，“嫦娥”奔月、“北斗”组网、“奋斗者”号逐梦深蓝，国家战略科技力量显著增强。2023 年，我国全社会研究与试验发展（R&D）经费支出 33278 亿元，规模稳居世界第二，比 2012 年增长 2.2 倍；投入强度为

2.64%，提高0.73个百分点，超过欧盟国家平均水平；按折合全时工作量计算的R&D人员总量连续11年居世界第一。高价值知识产权不断涌现，截至今年6月，国内发明专利有效量达442.5万件，每万人口高价值发明专利拥有量达到12.9件，提前实现国家"十四五"规划预期目标。科技创新持续赋能新质生产力发展，新产业新产品方兴未艾，新业态新模式层出不穷，新动能成为引领高质量发展的重要引擎。2023年，"三新"经济增加值相当于GDP的17.73%，比2015年提高2.89个百分点。以新一代信息技术、高端装备、航空航天为代表的高新技术产业发展壮大，2013—2023年规模以上高技术制造业增加值年均增长10.3%。

(三)经济发展协调性不断提升。 面对发展不平衡不充分等问题，我国加快推动经济结构战略性调整，以深化供给侧结构性改革为主线，牢牢把握扩大内需这一战略基点，建立健全城乡融合发展体制机制，大力推进区域协调发展，转变发展方式、优化经济结构取得实质性进展，发展更趋协调和可持续。现代化产业体系加快建设，工业结构向中高端迈进。2023年，规模以上高技术制造业、装备制造业增加值占规模以上工业增加值比重分别达15.7%、33.6%，比2012年分别提高6.3、5.4个百分点。需求结构持续优化，消费主引擎作用进一步增强。2023年，最终消费支出对经济增长贡献率达82.5%。新型城镇化取得显著成效。2023年末，常住人口城镇化率为66.16%，比2012年末提高13.06个百分点。区域协调发展纵深推进，"南水北调""西气东输""西电东送""东数西算"等重大工程显著改善了区域发展格局，京津冀协同发展、长江经济带发展、粤港澳大湾区建设等区域重大战略培育出更多发展动力源和增长极。

(四)绿色发展迈出坚实步伐。 面对资源环境约束趋紧、生态系统退化等突出问题，我国牢固树立和践行"绿水青山就是金山银山"理念，以前所未有的力度推进生态文明建设，开展了一系列根本性、开创性、长远性工作。蓝天、碧水、净土保卫战取得重大战略成果，重污染天数明显减少，水环境质量显著改善，土壤风险得到有效管控。2023年，全国地级及以上城市细颗粒物($PM_{2.5}$)平均浓度为30微克/立方米，比2015年下降16微克/立方米；地表水水质优良断面比例达89.4%，受污染耕地安全利用率达到91%以上。清洁能源快速发展，新能源产业链辐射带动作用增强，绿色低碳发展理念更加深入人心。2023年，清洁能源消费占能源消费总量的26.4%，比2012年提高11.9个百分点；新能源汽车产销量连续9年位居世界第一。2013—2023年，我国以年均3.3%的能源消费增速支撑了年均6.1%的经济增长，能耗强度累计下降26.1%，是全球能耗强度降低最快的国家之一。

(五)全面深化改革开放向纵深推进。面对一些深层次体制机制障碍，我国坚持以经济体制改革为重点全面深化改革，高标准市场体系建设稳步推进，要素市场化配置体制机制更加完善，全国统一大市场加快形成，各类经营主体活力不断激发。2023年末登记在册经营主体1.84亿户，是2012年的3.3倍。全方位高水平开放型经济加快形成，货物贸易规模连创新高，从2012年的24.4万亿元增加到2023年的41.8万亿元，出口国际市场份额从11.1%提升到14.2%，世界货物贸易第一大国地位更加巩固。我国不仅是“世界工厂”，也是“世界市场”，在提供创新质优“中国制造”的同时，也向世界敞开超大规模的中国市场，进口规模从2012年的11.5万亿元增加到2023年的18.0万亿元，党的十八大以来累计进口超过150万亿元，为各国提供了广阔的市场空间和合作机遇。“一带一路”朋友圈扩容至150多个国家和30多个国际组织，中欧班列通达欧洲25个国家200多个城市。分批次设立22个自贸试验区，建设海南自由贸易港，成为我国全方位扩大开放的“排头兵”和“领头雁”。

(六)人民生活得到全方位改善。面对人民日益增长的美好生活需要,我国坚持以人民为中心的发展思想,围绕解决好人民群众急难愁盼问题持续发力,脱贫攻坚战取得重大成果,历史性消除了绝对贫困,补齐了全面建成小康社会最突出短板。居民收入稳步增加,耐用消费品升级换代,人民群众幸福感获得感不断提升。2013—2023年,全国居民人均可支配收入年均实际增长6.2%。2023年,居民每百户家用汽车拥有量为49.7辆,是2013年的2.9倍。社会保障体系建设驶入快车道,截至2023年底全国基本养老保险参保人数10.7亿人,基本医疗保险覆盖13.3亿人,已建成世界上规模最大的社会保障体系。各级教育普及程度达到或超过中高收入国家平均水平,国民素质稳步提升,2023年劳动年龄人口平均受教育年限达11.05年。人民健康水平持续提升,人均预期寿命由2010年的74.8岁提高至2021年的78.2岁。

(七)安全保障能力全面提升。面对严峻复杂的国际形势和接踵而至的风险挑战,我国坚持总体国家安全观,统筹国内国际两个大局、发展和安全两件大事,切实防范化解各类风险挑战,有效筑牢国家经济安全屏障。粮食安全得到有力保障,中国人的饭碗端得更稳更牢。2023年,粮食总产量13908亿斤,连续9年稳定在1.3万亿斤以上,人均粮食占有量超过490公斤,高于国际公认的400公斤粮食安全线。能源供给保障能力持续提升,煤、油、气、电、核及可再生能源多轮驱动的能源供应体系基本形成。2023年,一次能源生产总量达到48.3亿吨标准煤,比2012年增长37.6%。关键核心技术攻关不断取得突破,在关系国家安全的领域和节点构建自主可控、安全可靠的国内生产供应体系。2023年,我国制造业增加值连续14年位居全球首位,超四成主要工业产品产量居世界第一。

二、从现实维度看，经济运行稳中有进、质升量增，夯实了高质量发展的根基

高质量发展是新时代的硬道理。读懂中国经济发展态势，要透过现象看本质，既看增长之"量"，更看发展之"质"、转型之"效"，看清经济高质量发展的大逻辑。今年以来，外部环境复杂性严峻性不确定性明显上升、国内结构调整持续深化等带来新挑战，但宏观政策效应持续释放、外需有所回暖、新质生产力加速发展形成新支撑，我国经济顶住压力实现质的有效提升和量的合理增长，展现出抵御短期波动、赢得长远发展的韧性。

（一）经济运行总体平稳，生产需求持续恢复。上半年，我国经济总量达到 61.7 万亿元，同比增长 5.0%，经济增量为 2.4 万亿元，对于我们这样一个庞大的经济体而言，可以说殊为不易；从环比看，二季度 GDP 增长 0.7%，连续 8 个季度环比正增长，回升向好态势持续。从生产角度看，得益于外需回暖、新动能培育、政策支撑等因素，上半年工业增加值同比增长 6.0%，拉动经济增长 1.9 个百分点，"压舱石"作用进一步增强；服务业继续恢复，服务业增加值同比增长 4.6%，拉动经济增长 2.6 个百分点，对经济增长贡献率为 52.6%。从需求角度看，国内国际双循环相互促进，投资、消费、出口"三驾马车"都对经济增长作出了贡献，上半年社会消费品零售总额、固定资产投资（不含农户）规模分别达到 23.6 万亿元、24.5 万亿元，内需对经济增长的贡献率为 86.1%，其中最终消费支出贡献率为 60.5%，仍是拉动经济增长的主动力。

（二）就业形势保持稳定，物价水平温和回升。从就业看，尽管面临总量和结构性压力，但经济增长特别是劳动密集度高的服务业持续恢复，为稳定扩大就业提供了支撑，加上就业优先政策发力显效，新产业新业态新模式蓬勃发展催生新型职业需求，就业形势总体稳

定。上半年,城镇调查失业率稳中有降,平均值为5.1%,比上年同期下降0.2个百分点,尤其是二季度以来,失业率稳定在5.0%;批发零售、住宿餐饮、交通运输、信息传输等服务行业就业人数同比增加较多。从物价看,随着经济持续恢复、就业收入稳定,市场供需关系有所改善,物价水平温和回升。上半年,居民消费价格指数(CPI)同比上涨0.1%,其中二季度上涨0.3%;核心CPI基本稳定,同比上涨0.7%。7月份,CPI同比涨幅回升至0.5%。受部分国际大宗商品价格上行、国内工业品市场供需改善等带动,生产价格同比降幅也有所收窄。上半年,工业生产者出厂价格(PPI)同比下降2.1%,降幅比一季度收窄0.6个百分点;其中6月份下降0.8%,降幅连续3个月收窄。7月份,PPI降幅与上月持平。

(三)外贸发展扩量提质,高水平开放不断深化。今年以来,世界经济温和复苏,叠加部分经济体补库存需求增加以及全球电子行业周期性上行等因素影响,外需总体上有所改善。我国充分发挥产业链供应链完备优势,积极拓展国际市场,用好两个市场、两种资源,外贸呈现量增、质优、份额稳的特点。上半年,我国货物进出口总额21.2万亿元,同比增长6.1%,规模创历史同期新高,初步测算占全球份额稳定在14%左右。民营企业进出口额增长11.2%,占进出口总额比重提升至55%,外贸主力军作用更加彰显;对共建"一带一路"国家进出口额增长7.2%,快于全部进出口1.1个百分点。在外部不稳定不确定因素增多的背景下,中欧班列安全稳定运行,为维护全球产业链供应链稳定作出了积极贡献。截至7月10日,中欧班列累计开行量破万列,货物发送量同比增长11.0%。得益于航线恢复、入境便利化措施落地以及互免签证国家增多等多重利好,外国人来华经商、旅游观光、探亲访友热度持续攀升。上半年,全国各口岸入境外国人超1400万人次,同比增长152.7%,其中通过免签入境外国人次增长190.1%。

（四）科技创新引领作用增强，新质生产力快速成长。今年以来，围绕创新这个引领发展的第一动力，各方面不断加大工作力度，提升研发投入水平，持续优化创新生态，新质生产力加快培育和发展，科技创新成果不断涌现。国内首个“地面空间站”通过验收、“嫦娥”六号实现月背采样返回、深中通道正式通车试运营、国际首个通信与智能融合的6G试验网成功搭建，频频“上新”的大国重器，见证中国科技自立自强水平的提升。与此同时，一系列新发明、新技术向现实生产力有效转化，科技创新对产业创新的引领作用持续发挥，制造业高端化智能化发展加快。上半年，规模以上高技术制造业增加值同比增长8.7%，快于规模以上制造业2.2个百分点；通信终端设备制造、集成电路制造、显示器件制造等数字产品制造行业增加值实现两位数增长；3D打印设备、服务机器人、智能手表等智能产品产量分别增长51.6%、22.8%、10.9%。

（五）绿色低碳转型持续深入，能源供需结构不断优化。今年以来，绿色生产生活方式更加深入人心，产业绿色化转型、能源清洁化发展持续推进，绿色发展成为高质量发展的靓丽底色。上半年，以新能源汽车、光伏为代表的绿色产业链发展向好，新能源汽车、太阳能电池产量同比分别增长34.3%、17.8%，充电桩、汽车用锂离子动力电池等配套产品和多晶硅、太阳能工业用超白玻璃等主要原材料均实现快速发展。绿色消费方兴未艾，低碳节能蔚然成风，汽车流通协会数据显示，新能源汽车零售量同比增长33.1%。作为推动绿色发展的重要领域，能源清洁低碳转型步伐也不断加快。上半年，天然气、水核风光电等清洁能源消费比重比上年同期提高2.2个百分点；可再生能源发电新增装机占全国新增电力装机的比重升至88%，截至6月底风电光伏发电合计装机规模已超过煤电装机。

（六）民生保障有力有效，安全发展基础得到巩固。今年以来，在促进经济回升向好的同时，各地区各部门坚持以人民为中心，切实抓好民生保障和改善工作，不断增强安全发展保障能力，努力提升人民群众获得感、幸福感、安全感。上半年，保基本兜底线力度不减，全国居民人均转移净收入同比名义增长5.0%，其中人均社会救济和补助收入、人均养老金或离退休金分别增长5.5%、8.9%。稳就业政策持续发力，农民工、脱贫人口等重点群体就业得到保障，上半年外来农业户籍劳动力城镇调查失业率均值为4.7%，低于全国城镇调查失业率0.4个百分点；截至6月末脱贫人口务工规模超过3000万人。粮食、能源资源、重要产业链供应链安全保障也得到加强。粮食安全根基筑得更牢，夏粮再获丰收，比上年增产2.5%，为全年粮食生产打下较好基础。社会生产生活用能得到较好保障，上半年规模以上工业发电量同比增长5.2%，原油、天然气产量分别增长1.9%、6.0%，原煤产量超22亿吨。补链强链扎实推进，产业链供应链韧性和安全水平不断提升，产业链骨干企业加快壮大。截至6月末，累计培育专精特新中小企业已超14万家，其中专精特新"小巨人"企业达1.2万家。

（七）政策效果逐步显现，部分指标出现积极变化。今年以来，面对错综复杂的国内外环境，党中央审时度势、统筹谋划，重点部署了一批针对性、组合性强的政策措施，对推动经济稳定运行、引导产业转型升级发挥了积极作用。在大规模设备更新政策带动下，上半年设备工器具购置投资同比增长17.3%，拉动固定资产投资增长2.1个百分点。大规模设备更新还带动了相关设备生产较快增长，惠及多个重点行业，金属冶炼设备、机床数控装置、农产品加工专用设备产量同比分别增长19.7%、19.2%、49.4%。消费品以旧换新政策引导居民消费潜力有序释放，对拉动汽车、家电等耐用消费品增长起到"催化"作用。上半年，限额以上单位家用电器和音像器材类商品零售额同比增长3.1%，比上年同期加快2.1个百分点；全国报废汽车回收量同比增长27.6%；截至8月初，商务部汽车以旧换新平台收到汽车报废更新补贴申请超45万份。房地产政策进一步调整优化，"三大工程”建设持续推进，市场活跃度有所提升。上半年，全国新建商品房销售面积、销售额同比降幅分别比1—5月份收窄1.3、2.9个百分点；房地产“三大工程”拉动房地产开发投资0.9个百分点。此外，超长期特别国债、专项债等发行节奏加快，为推进重点领域投资提供了必要资金支持。

三、从未来维度看，机遇大于挑战，回升向好、长期向好的基本趋势不会改变

展望未来，全面建设社会主义现代化国家，是一项伟大而艰巨的事业，前途光明，任重道远。当前，世界百年未有之大变局加速演进，新一轮科技革命和产业变革深入发展，国际力量对比深刻调整，我国发展面临新的战略机遇。同时，世界经济复苏乏力，逆全球化思潮抬头，单边主义、保护主义明显上升，地缘政治风险多发频发，全球性问题加剧，来自外部的打压遏制不断升级，外部环境变化带来的不利影响增多。国内有效需求不足，经济运行出现分化，重点领域风险隐患仍然较多，新旧动能转换存在阵痛。这些是发展中、转型中的问题，我们既要增强风险意识和底线思维，提前展开谋划，积极主动应对，又要保持战略定力，坚定发展信心。总的来看，我国经济发展面临的机遇大于挑战，有利条件强于不利因素，韧性强、潜力大、活力足的基本面没有改变，制度优势、市场优势、产业体系优势、人力资源优势持续巩固，高质量发展具备坚实支撑。

（一）坚实的物质技术基础更加给力。经过改革开放40多年特别是新时代10多年的发展和积淀，我国物质技术基础更为雄厚，拥有全球最完备的产业体系、便利的软硬件基础设施网络，产业规模大、配套能力强，具有明显的成本优势、品类优势和速度优势，能够快速响应各方面标准化、定制化需求，是当之无愧的全球制造业第一大国，制造业增加值占全世界比重约30%，在全球产业分工体系和供应体

系中占据重要地位。与此同时，现代基础设施建设成绩斐然，已建成全球最大的高速铁路网、高速公路网和世界级港口群，以及全球规模最大、技术领先的5G网络。粮食能源等基础产业巩固提升，粮食生产连年丰收，水电、风电、太阳能发电装机和核电在建规模稳居世界第一。这些都是经济高质量发展的“硬支撑”。

(二)超大规模市场不断释放潜力。当今世界，最稀缺的资源是市场，我国拥有规模庞大、层次多样、统一开放的国内大市场，也是全球最具成长性、最具潜力的内需市场。无论国际风云如何变幻，广阔的内需市场都是我们应对各种风险挑战的有力保障。2023年，我国固定资产投资规模超50万亿元，社会消费品零售总额超47万亿元，网上商品零售额超13万亿元，稳居全球第二大消费市场和第一大网络零售市场。我国有14亿多人口，中等收入群体持续扩容，居民收入水平不断提升，人民群众个性化、多样化、品质化消费需求具有很大潜力。另外，我国人均资本存量与发达国家相比差距仍然较大，在基础设施和公共服务领域还存在较多短板，创新发展、绿色转型、民生领域投资需求潜力巨大，随着相关领域建设持续推进，相关政策效力不断释放，投资对经济发展的关键作用仍有很大发挥空间。

(三)转型升级不断培育发展新力。发展新质生产力是推动高质量发展的内在要求和重要着力点。近年来，我国科技创新成果丰硕，创新驱动成效日益显现，新质生产力已经在实践中形成并展示出对高质量发展的强劲推动力、支撑力。我国在全球创新指数中的排名从2012年的第34位跃升至2023年的第12位，成为全球创新版图中日益重要的一极。随着转型升级持续推进，不少传统产业“老树发新芽”，更多新兴产业“嫩枝成巨木”，我国经济发展的新动力不断成长。上半年，规模以上装备制造业、高技术产业增加值占规模以上工业增加值比重分别为33.3%、15.8%，比一季度提高1.5、0.6个百分点；制造业技改投资同比增长10.0%，快于制造业投资0.5个百分点。

企业创新主体地位不断巩固，有利于加快科技成果向现实生产力转化。截至2023年底，我国有约40万家高新技术企业，独角兽企业数量稳居世界第二。新动能快速成长，将有效释放经济活力，为高质量发展聚势赋能。

（四）高水平对外开放增强发展助力。对外开放是推动我国经济社会发展的重要动力，以开放促改革、促发展是我国发展不断取得新成就的宝贵法宝。我国更大范围、更宽领域、更深层次的全面开放深入实施，规则、规制、管理、标准等制度型开放不断推进，外商投资准入前国民待遇加负面清单管理制度全面实行，市场化、法治化、国际化一流营商环境加快建设，跨境电商等外贸新业态新模式跑出"加速度"，将不断为高质量发展注入新动力、增添新活力、拓展新空间。上半年，每天大约有900万个小包裹往来于中国与世界各国之间；初步测算，我国跨境电商进出口1.22万亿元，同比增长10.5%，高于外贸整体增速4.4个百分点；已在世界各地建设海外仓超2500个。外贸主体持续增加，越来越多的中国品牌乘风出海，全球化布局拓展发展红利。2023年，我国有进出口实绩的外贸主体达64.5万家，其中民营外贸企业数量占比达86.2%，均创历史新高；我国自主品牌出口至200多个国家和地区，出口额同比增长9.3%，占出口总额比重提升1.7个百分点。

（五）人口规模优势逐步迭代升级为人才智力。人才是发展之基。虽然我国人口总量有所下降，但人口基数依然庞大，劳动力资源仍然丰沛，目前16—59岁劳动年龄人口仍超8.5亿。更重要的是，我国人口素质和劳动者技能稳步提高，人力资源与产业体系匹配度也在提高，能够为高质量发展提供更有力的智力支撑。2023年，我国高等教育毛入学率超过60%，接受高等教育的人口达2.5亿，每年有超1000万名接受高等教育的大学毕业生，新增劳动力中超半数接受过高等教育。高学历和高技能劳动力占比稳步提升，人才红利厚积薄发,优势逐步显现。2023年,我国参与R&D活动的人员总量首次突破千万,达1022.5万人,比上年增加82.4万人。高素质人才队伍日益成为推动产业转型升级、支撑中国创造的中坚力量。

(六)进一步全面深化改革不断构筑发展伟力。改革是解放和发展社会生产力的关键,全面深化改革是推进中国式现代化的根本动力。党的二十届三中全会审议通过的《中共中央关于进一步全面深化改革、推进中国式现代化的决定》,紧紧围绕推进中国式现代化这个主题,鲜明提出了新征程上进一步全面深化改革的指导思想、总目标、重大原则,重点部署了未来五年的重大改革举措,彰显了以习近平同志为核心的党中央将改革进行到底的坚强决心和强烈使命担当,是指导新征程上进一步全面深化改革的纲领性文件。随着一系列重大改革举措逐步落实落细落地,各方面体制机制不断完善,将进一步解放和发展社会生产力、激活和增强社会活力。此外,在有力有效应对一系列风险挑战的斗争实践中,我国宏观调控经验更加丰富、体制更加完善、手段更加精细。当前我国政府债务水平和通胀率较低,政策工具箱不断充实,财政、货币及其他政策仍有较大发力空间,宏观调控有能力为经济行稳致远保驾护航。

千淘万漉虽辛苦,吹尽狂沙始到金。我国经济在风浪中成长、在磨砺中壮大,一路跋山涉水、披荆斩棘,显示出强大韧性和可持续发展能力。站在新的历史起点上,我们要把思想和行动统一到党中央对经济形势的科学判断和决策部署上来,深入学习贯彻党的二十届三中全会精神,保持战略定力和历史耐心,优化强化宏观政策,加大宏观调控力度,加快落实各项改革任务,以改革为动力促进稳增长、调结构、防风险,增强经济持续回升向好态势,努力推动中国经济巨轮在中国式现代化的光明航道上劈波斩浪、勇毅前行!

七十五载砥砺奋进 鉴往知来再启新程[①]

国家统计局党组书记、局长　康义

今年是中华人民共和国成立 75 周年。75 年来，我们党团结带领全国各族人民历经风雨洗礼、走过峥嵘岁月，在接续奋斗中创造了社会主义革命和建设、改革开放和社会主义现代化建设、新时代中国特色社会主义的伟大成就，实现了经济快速发展和社会长期稳定，绘就了波澜壮阔的历史画卷，中华民族迎来了从站起来、富起来到强起来的伟大飞跃，实现中华民族伟大复兴进入不可逆转的历史进程。我们要深刻认识中华人民共和国成立 75 年来经济社会发展取得的巨大成就，向着第二个百年奋斗目标奋发进取。

从积贫积弱到世界第二大经济体，综合国力和国际影响力实现历史性跨越。75 年来，我国坚持解放和发展社会生产力，在百废待兴、百业凋敝的基础上，创造出世所罕见的经济快速发展奇迹。1952 年，我国国内生产总值（GDP）只有 679 亿元，1978 年增加到 3679 亿

① 本文系国家统计局党组书记、局长康义发表于 2024 年 9 月 25 日《人民日报》的署名文章。

元。改革开放以来，我国经济发展驶入快车道，经济总量连续跨越重要关口，2023年超过126万亿元，占全球经济比重达到17%左右，稳居世界第二大经济体。按不变价计算，2023年GDP比1952年增长223倍，年均增长7.9%。其中，1979—2023年年均增长8.9%，远高于同期世界经济3.0%的平均增速。人均GDP从1952年的几十美元增加到2023年的1.27万美元，由低收入国家跃升至中等偏上收入国家。我国已成为全球制造业第一大国、货物贸易第一大国、商品消费第二大国以及外汇储备第一大国，是全球经济发展的重要稳定器和动力源，国际影响力日益彰显。

从单一失衡到优化升级，经济结构发生历史性变革。75年来，我国经济结构不断调整优化，发展的全面性、协调性、可持续性明显增强。产业结构由农业为主向三次产业协同发展转变，第一、二、三产业增加值占GDP比重由1952年的50.5%、20.8%、28.7%调整为2023年的7.1%、38.3%、54.6%，粮食总产量连续9年稳定在1.3万亿斤以上，建成了门类齐全、独立完整的现代工业体系，制造业增加值连续14年位居世界第一，现代服务业、新兴服务业展现出蓬勃发展的盎然生机。需求结构由疲弱失衡向三驾马车协同拉动转变，2023年最终消费支出、资本形成总额、货物和服务净出口占GDP比重分别为55.7%、42.1%、2.1%，内需主动力作用凸显。区域结构由沿海内地发展不平衡向区域纵横联动发展转变，重大生产力布局不断优化，中西部地区后发优势持续发挥，京津冀、长三角、粤港澳大湾区三大经济引擎引领带动作用进一步提升。城乡结构由城乡分割向新型城镇化和乡村全面振兴统筹推进转变，2023年末常住人口城镇化率为66.16%，比1949年末提高55.52个百分点，城乡差距不断缩小，乡村面貌焕然一新。

从封闭半封闭到全方位开放，对外开放成就举世瞩目。75年来，我国积极推进对外开放，不断推动对外开放向更大范围、更宽领域、更深层次拓展，实现了从封闭半封闭到全方位开放的历史性转变。货物进出口总额由1950年的11.3亿美元增至2023年的5.9万亿美元，年均增长12.5%，占国际市场的份额从1978年的不足1%提升至2023年的12.4%，连续7年稳居全球货物贸易第一大国。服务进出口总额由1982年的46.9亿美元增至2023年的9331亿美元，年均增长13.8%。国际合作不断深化，多双边和区域经贸合作取得一系列丰硕成果。2023年，我国实际利用外商直接投资1633亿美元，比1983年增长176倍；对外非金融类直接投资1301亿美元，比2003年增长61倍，规模均位居世界前列。党的十八大以来，我国积极推动共建“一带一路”，已与150多个国家、30多个国际组织签署了230多份共建“一带一路”合作文件，积极构建人类命运共同体，在全球治理体系变革中贡献了中国智慧，展现了大国担当。

从相对落后到创新引领，创新型国家建设成果丰硕。75年来，我国始终高度重视创新在国家发展全局中的重要作用，不断完善国家创新体系，加快建设科技强国，逐步实现了从追踪跟跑到并跑领跑的历史性转变，成长为世界上具有重要影响力的科技大国。2023年，我国创新指数全球排名由2012年的第三十四位跃升至第十二位，研发经费投入总量稳居世界第二，研发人员全时当量连续11年居世界首位，发明专利申请量、专利合作条约国际专利申请量多年蝉联世界第一，成为世界上首个国内有效发明专利数量突破400万件的国家。嫦娥、北斗、天问、天和、C919大飞机等大国重器不断“上新”，彰显我国科技硬核实力。科学技术持续赋能社会生产力发展，新质生产力在实践中形成并展示出对高质量发展的强劲推动力、支撑力。2023年，我国“三新”（新产业、新业态、新商业模式）经济增加值相当于GDP的比重为17.73%，比2016年提高2.4个百分点；2013—2023年规模以上装备制造业、高技术制造业增加值年均分别增长8.7%、10.3%；数字经济规模连续多年稳居世界第二。

从温饱不足到全面小康，人民群众获得感、幸福感、安全感大幅提升。75 年来，我国始终坚持以人民为中心的发展思想，不断解决人民群众最关心最直接最现实的利益问题，实现了从温饱不足到总体小康再到全面小康的历史性跨越，交出了一份有温度、有厚度的民生答卷。就业形势长期稳定，就业人员总量从 1949 年的 1.8 亿人增加到 2023 年的 7.4 亿人，2013—2023 年城镇新增就业人数累计超过 1.4 亿人，城镇调查失业率保持稳定。居民收入持续增加，1950—2023 年全国居民人均可支配收入年均实际增长 6.0%。居民生活质量不断提升，消费结构从生存型向发展型、享受型升级，服务性消费支出占比逐步提高。脱贫攻坚战取得全面胜利，历史性地解决了绝对贫困问题，为全球减贫作出重大贡献。社会建设取得长足进步，建成了世界上规模最大的教育体系、社会保障体系、医疗卫生体系，国民受教育水平和健康水平持续提高。

从生态失衡到绿色发展，生态文明建设发生历史性、转折性、全局性变化。75 年来，我国不断深化对生态文明建设规律的认识，生态环境保护事业不断发展。特别是党的十八大以来，我国以前所未有的力度全方位、全地域、全过程加强生态环境保护，构筑起生态文明建设的“四梁八柱”，美丽中国建设迈出重大步伐。2023 年，地级及以上城市细颗粒物（$PM_{2.5}$）平均浓度比 2016 年下降 28.6%，地表水Ⅰ—Ⅲ类水质断面比例提高 21.6 个百分点。目前，全国森林覆盖率比第一次全国森林资源清查（1973—1976 年）结果提高 10.3 个百分点。碳达峰碳中和战略稳步推进，2013—2023 年碳排放强度累计下降超过 35%。清洁能源跨越式发展，已建成全球最大的清洁能源生产供应系统，对全球非化石能源消费增长贡献度超 40%。绿色发展理念日益深入人心，绿色生产生活方式更受青睐，新能源汽车、光伏等绿色产业链蓬勃发展，新能源汽车产销量连续 9 年位居全球第一。

回首新中国 75 年发展历程，国家实力、人民生活、社会面貌都发生了翻天覆地的巨大变化。无论是在中华民族历史上,还是在世界发展历史上,这都是一部感天动地的奋斗史诗,充分彰显了在中国共产党领导下亿万人民团结奋进的创造伟力和奋斗豪情。七十五载风雨兼程,七十五载砥砺奋进,从“路在何方”到“路在脚下”,我们踏平坎坷成大道,走出了极具特色的中国式现代化道路,写就了富有魅力的解决人类问题的中国方案。新征程上,以中国式现代化全面推进强国建设、民族复兴伟业,要坚持以习近平新时代中国特色社会主义思想为指导,全面贯彻落实党的二十大和二十届二中、三中全会精神,坚持稳中求进工作总基调,完整、准确、全面贯彻新发展理念,加快构建新发展格局,因地制宜发展新质生产力,着力推动高质量发展。

必须坚持党的全面领导,不断提高党的领导水平和长期执政能力。坚持党的领导是历史和人民的选择。75 年来,我们党在应对重大风险和困难挑战中不断提高领导水平和长期执政能力,带领全国各族人民成功把一个积贫积弱、一穷二白的国家建设成为全面小康、繁荣富强的大国,创造了人类历史上绝无仅有的发展奇迹。历史深刻表明,中国共产党是中国特色社会主义事业的坚强领导核心,党的领导是党和国家事业不断发展的“定海神针”。新征程上,必须毫不动摇坚持党的全面领导,创新和改进党的领导方式和执政方式,更好发挥中国特色社会主义制度和国家治理体系的显著优势,凝聚起全面建设社会主义现代化国家的磅礴伟力。

必须坚持以人民为中心,充分尊重人民主体地位和首创精神。人民是历史的主体,是物质财富和精神财富的创造者,是实现中华民族伟大复兴最深厚的力量。75 年来的辉煌成就,是党领导亿万中国人民共同奋斗出来的,人民永远是我们最坚实的依托、最强大的底气。新征程上,要继续站稳人民立场,紧紧依靠人民,凝聚 14 亿多人民的磅礴之力、非凡之智,继续开创新的历史伟业,不断把人民对美好生活的向往变成可感可及的现实。

必须坚持走中国特色社会主义道路，不断坚持和发展中国特色社会主义。党和人民历尽千辛万苦、付出巨大代价，在长期探索和实践中开辟出了中国特色社会主义道路。实践证明，这条根植于中国大地的道路具有深厚的历史底蕴，符合中国国情，是创造人民美好生活、实现中华民族伟大复兴的必由之路。新征程上，我们要保持战略定力，始终沿着党和人民在长期实践探索中开辟出来的正确道路不断前进，让中国特色社会主义展现出更加强大、更有说服力的真理力量。

必须坚持深化改革开放，不断加强制度建设。改革开放是党在新的时代条件下带领人民进行的伟大革命，是当代中国大踏步赶上时代的重要法宝。改革开放和社会主义现代化建设新时期，我国大踏步赶上时代，靠的是改革开放。党的十八大以来，党和国家事业取得历史性成就、发生历史性变革，靠的也是改革开放。新时代新征程上，要开创中国式现代化建设新局面，仍然要靠改革开放。面对前进道路上的各种矛盾和风险挑战，在日趋激烈的国际竞争中赢得战略主动，需要进一步全面深化改革，加强制度建设，用完善的制度防范化解风险、有效应对挑战。

必须坚持发展是党执政兴国的第一要务，不断增强综合国力。解放和发展社会生产力，增强社会主义国家的综合国力，是社会主义的本质要求和根本任务。当前，我国经济已由高速增长阶段转向高质量发展阶段，人民日益增长的美好生活需要和不平衡不充分的发展之间的矛盾成为社会主要矛盾。无论是解决我国发展不平衡不充分问题，还是应对纷繁复杂的国际环境，都必须坚持发展是党执政兴国的第一要务，发展必须是高质量发展，坚持把高质量发展作为新时代的硬道理，加快转变发展方式、优化经济结构、转换增长动力，以发展不断创造新的更大奇迹。

风生水起逐浪高，砥砺奋进正当时。如今，我们党团结带领全国各族人民已经踏上实现第二个百年奋斗目标新的赶考之路，强国建设、民族复兴的历史任务更加艰巨、使命更加光荣。我们要更加紧密地团结在以习近平同志为核心的党中央周围，坚定不移高举中国特色社会主义伟大旗帜，以进一步全面深化改革开辟中国式现代化广阔前景，为实现中华民族伟大复兴的中国梦而努力奋斗。

劈波斩浪奋楫前行 稳中求进逐新而上[①]

——《2024年国民经济和社会发展统计公报》评读

国家统计局副局长　盛来运

2024年是新中国成立75周年，是实现“十四五”规划目标任务的关键一年。这一年，外部环境变乱交织，内部困难挑战增多，经济稳定运行难度上升。面对复杂严峻形势，以习近平同志为核心的党中央团结带领全党全国各族人民沉着应变、综合施策，有力实施宏观调控，有效应对风险挑战，经济运行总体平稳、稳中有进，高质量发展扎实推进，主要目标任务顺利完成，中国式现代化迈出新的坚实步伐。最新发布的《2024年国民经济和社会发展统计公报》是过去一年非凡发展历程的缩影，全面记录了全国各族人民凝心聚力、砥砺深耕的奋斗足迹，充分展示了中国经济在风雨考验中强筋健骨、发展壮大的丰硕成果，生动呈现了社会主义现代化建设蹄疾步稳、行稳致远的铿锵足迹。

① 本文系国家统计局党组成员、副局长盛来运发表于2025年3月1日《人民日报》的署名文章。

一、攻坚克难稳定发展，综合国力跃上新台阶

2024 年，我国经济增长 5.0％，经济总量首次站上 130 万亿元新台阶，顺利完成经济社会发展主要目标任务。这是一个了不起的成绩，在外部压力加大、内部困难增多的情况下，能够实现 5％的经济增长实属不易，充分体现了中国经济的韧性和潜力。

5％的增长是顶住压力、砥砺前行的结果。事非经过不知难，成如容易却艰辛。2024 年，世界经济复苏乏力，保护主义壁垒高筑，地缘政治冲突和国际贸易摩擦频发，国内有效需求不足，新旧动能转换阵痛释放，二、三季度我国经济增速放缓，一度面临经济下行压力较大的不利局面，实现预期目标难度陡增。面对复杂局面，党中央因时因势加强宏观调控，果断部署一揽子增量政策，打出强有力的政策组合拳，推动经济运行明显回升，社会信心有效提振。四季度 GDP 同比增长 5.4％，比三季度加快 0.8 个百分点，既促进了全年目标实现，也为今年发展奠定了良好基础。

5％的增长是生产需求共同发力的结果。从生产看，虽然内外环境十分复杂，但得益于产业基础扎实、出口较快增长、新产业增势良好以及政策发力，工业生产增速加快、贡献率提升，是稳定经济增长的重要力量。2024 年，全部工业增加值比上年增长 5.7％，对经济增长贡献率为 34.1％，提高 12.7 个百分点。居民旅游出行需求释放带动交通、住宿等传统服务业持续恢复，信息技术创新迭代带动新兴服务业快速发展。2024 年，服务业增加值比上年增长 5.0％，对经济增长贡献率为 56.2％，是经济稳定运行的压舱石。从需求看，为破解国内需求不足的制约，党中央及时部署“两重”“两新”政策并持续加力，内需继续成为经济增长的主动力，2024 年内需对经济增长贡献率为 69.7％。同时，多措并举促进外贸稳量提质，对外贸易实现较快发展，货物和服务净出口对经济增长贡献率为 30.3％，比上年明显提升。

5%的增长彰显了大国的韧性和实力。5%的经济增速将我国经济总量推上130万亿元新台阶，意味着我国有更多的实力强化基础设施建设、推动科技创新、改善社会民生，不断夯实经济稳定发展的根基。放眼全球，我国5%的经济增速位居主要经济体前列，所创造的经济增量相当于一个中等经济体一年的经济总量，对全球经济增长贡献率预计达到30%左右。

二、转型升级扎实推进，新质生产力蓄势赋能

当前，我国经济发展正处于新旧动能转换破局成势的关键阶段，各方面锚定高质量发展首要任务不动摇，科学把握稳与进、立与破的辩证关系，统筹好培育新动能和更新旧动能的关系，因地制宜发展新质生产力，推动新旧动能平稳接续转换，高质量发展动能更加充沛、基础不断夯实。

科技创新能力不断增强。创新驱动发展战略深入实施，创新投入持续增加。2024年，我国研发经费投入强度达2.68%，比上年提高0.1个百分点，超过欧盟国家平均水平，其中基础研究经费比上年增长10.5%。重大科技成果不断涌现，大国重器持续“上新”，凸显了中国创造硬实力。知识产权创造量质齐升，截至2024年末有效发明专利达568.9万件，每万人口高价值发明专利拥有量14件。创新成果加速转化，更多专利走出“实验室”走向“产业链”。2024年，企业有效发明专利产业化率达53.3%，全国技术合同成交额比上年增长11.2%。

新兴产业培育壮大。新兴技术广泛应用，以装备制造业、高技术制造业为代表的新兴产业发展态势向好。2024年，规模以上装备制造业、高技术制造业增加值占规模以上工业增加值比重分别升至34.6%、16.3%。新需求不断催生高品质产品供给，规模以上高技术制造业中，智能车载设备制造、智能无人飞行器制造行业增加值分别

比上年增长25.1%、53.5%；虚拟现实设备、充电桩、新能源汽车等新产品产量分别增长59.4%、58.7%、38.7%。

现代基础设施体系更加完善。高速铁路网进一步织密，2024年末高速铁路营业里程达4.8万公里，占世界高铁总里程的70%以上。数字基础设施建设加快发展，截至年末共有5G基站425万个，“5G+工业互联网”项目超过1.7万个，实现41个工业大类行业全覆盖。千兆光网建设有序推进，全年新增光缆线路长度856万公里，年末光纤接入端口达11.6亿个。

三、改革开放纵深推进，发展活力潜力不断激发

改革开放是推动经济发展的根本动力，也是应对前进道路上各种风险挑战的重要法宝。2024年，面对内外环境深刻变化、周期性结构性矛盾叠加的复杂局面，我国坚持通过全面深化改革增强发展动力，通过高水平对外开放拓展国际合作新空间，经济发展的内生动力不断激发。

全面深化改革蹄疾步稳。党的二十届三中全会全面擘画了新时代新征程的改革蓝图，提出了300多项重要改革举措。全国统一大市场建设加力，产权保护、市场准入、公平竞争等市场基础制度不断完善，国内大循环主体作用有效发挥。2024年，社会消费品零售总额、全社会固定资产投资分别达到48.3万亿元、52.1万亿元。新型城镇化建设持续深入，区域经济布局优化调整。2024年，年末常住人口城镇化率达67%，京津冀、长江经济带、长三角地区生产总值分别比上年增长5.2%、5.4%、5.5%。坚决落实落细“两个毫不动摇”要求，持续优化营商环境，2024年日均新设企业2.4万户。

高水平对外开放呈现新格局。面对逆全球化思潮和贸易保护主义的挑战，我国坚定不移扩大对外开放，积极融入国际循环，稳步扩大制度型开放，深入推进自贸区、自贸港建设，贸易伙伴遍及五大洲，

已成为全球150多个国家和地区的主要贸易伙伴。2024年货物进出口总额达43.8万亿元，规模创历史新高，连续八年保持全球货物贸易第一大国。在巩固货物贸易传统优势的同时，积极提升服务贸易自由化便利化水平，服务贸易实现新突破。2024年，服务进出口总额达到7.5万亿元，比上年增长14.4%。过境免签政策扩围优化，既带火了入境旅游，更向世界展示了开放包容、可爱可亲的中国形象，全年通过免签入境外国人2012万人次，增长1.1倍。

四、绿色转型展现新气象，高质量发展底色更加鲜明

绿色发展理念更加深入人心。面对日益增强的资源环境约束，我国协同推进降碳、减污、扩绿、增长，积极稳妥推进碳达峰碳中和，加快发展方式绿色转型，美丽中国建设成效明显，进一步厚植了高质量发展的绿色底色。

绿色产业持续扩容。以新能源汽车、清洁能源、节能环保为代表的绿色低碳产业蓬勃发展，不断塑造经济新增长点。2024年，我国新能源汽车产量达1317万辆，成为世界上首个新能源汽车年产量超千万的国家。绿色生活、绿色消费渐成新风尚。年末新能源汽车保有量达3140万辆，比上年末增加1099万辆。绿色金融持续赋能绿色低碳产业发展，年末本外币绿色贷款余额达36.6万亿元。

新型能源体系加快构建。多种清洁能源协同互补发展，能源生产持续向绿色低碳转型。2024年，新增可再生能源发电装机容量占电力新增装机的86%，并网风电、太阳能发电装机规模首超14亿千瓦，提前6年完成我国在气候雄心峰会上的承诺。能源消费结构持续优化，非化石能源占能源消费总量比重比上年提高1.8个百分点。节能降碳取得新进展，初步测算万元国内生产总值二氧化碳排放比上年下降3.4%，扣除原料用能和非化石能源消费量后万元国内生产总值能耗下降3.8%。

生态环境质量改善。深入践行“绿水青山就是金山银山”发展理念，持续深入打好污染防治攻坚战。2024 年，339 个地级及以上城市平均空气质量优良天数比例为 87.2%，比上年提升 1.7 个百分点；3641 个国家地表水考核断面中，水质优良断面比例首次超过 90%。做好排污“减法”的同时进一步做优绿色“加法”，科学开展大规模国土绿化行动，全年完成造林面积 445 万公顷，种草改良面积 322 万公顷。

五、民生改善取得新进展，社会大局和谐稳定

民生是人民幸福的基石、社会和谐的根基，保障和改善民生是经济发展的最终目的。2024 年，各地区各部门坚持尽力而为、量力而行，想方设法拿出更多有温度、见实效的民生举措，积极解决群众急难愁盼问题，不断健全社会保障和公共服务体系，保障了人民安居乐业和社会大局稳定。

人民生活水平继续提升。就业是最大的民生，尽管结构性就业压力犹存，但得益于经济总量扩大、结构优化升级以及稳就业政策发力，就业大局总体稳定。2024 年，全国城镇调查失业率平均值为 5.1%，比上年下降 0.1 个百分点；城镇新增就业 1256 万人，连续 4 年保持在 1200 万人以上。经济运行平稳、就业形势稳定、各项促增收举措积极发力，促进居民收入继续增加。2024 年，全国居民人均可支配收入比上年实际增长 5.1%，工资性收入和经营净收入为居民增收提供了主要支撑。促消费政策发力显效、消费供给优化以及消费场景更新，促进了居民消费需求释放和结构优化。2024 年，全国居民人均消费支出比上年实际增长 5.1%，服务性消费支出占比升至 46.1%。

社会事业欣欣向荣。教育普及程度继续提高。2024 年，九年义务教育巩固率、高中阶段毛入学率分别为 95.9%、92.0%，均比上年提高 0.2 个百分点。医疗卫生建设水平提升。年末医疗卫生机构床

位、卫生技术人员数量分别为 1037 万张、1295 万人，均比上年末增加。公共文化服务更加完善、覆盖更加广泛。年末全国公共图书馆、文化馆、档案馆分别达 3248 个、3516 个、4174 个。体育场地设施不断加强，助力全民健身事业发展。年末全国共有体育场地 484.2 万个，体育场地面积 42.3 亿平方米，人均体育场地面积 3.0 平方米。

社会保障网织密织牢。社会保险覆盖面巩固扩大。2024 年末，全国基本养老保险覆盖 10.7 亿人，基本医疗保险覆盖 13.3 亿人；失业、工伤保险参保人数分别比上年末增加 216 万人、224 万人。关注困难群众、重点群体生活改善，社会救助扩围增效。年末全国共有 625 万人、3362 万人、439 万人享受城市最低生活保障、农村最低生活保障、农村特困人员救助供养。保障性住房供给进一步加大，全年配售型保障性住房、保障性租赁住房和公租房等开工建设和筹集 180 万套(间)。

六、安全保障能力实现新提升，安全堤坝筑稳扎牢

高水平安全是高质量发展的前提和保障。2024 年，各地区各部门坚持高质量发展和高水平安全良性互动，系统谋划、持续发力，粮食能源资源安全保障能力持续提升，重点领域风险化解有序有效，为我国经济顶住压力平稳运行提供了有力支撑，也为牢牢掌握发展主动权奠定了坚实基础。

粮食能源安全保障有力。深入实施“藏粮于地、藏粮于技”战略，持续健全粮食生产支持政策体系，粮食产量迈上新台阶。2024 年，粮食总产量达 14130 亿斤，在连续 9 年稳定在 1.3 万亿斤以上的基础上，首次突破 1.4 万亿斤，中国碗装了更多中国粮。煤炭先进产能有序释放，油气继续增储上产，能源自给率保持在 80%以上，能源自主保障能力增强。2024 年，原煤产量创 47.8 亿吨的历史新高，原油产量连续 3 年稳定在 2 亿吨以上，天然气产量连续 8 年增产超 100 亿立

方米，有力保障了生产生活用能。

重点领域风险化解取得积极进展。针对房地产市场调整的复杂形势，积极优化房地产政策，坚决打好保交房攻坚战，探索构建房地产发展新模式，推动房地产市场止跌回稳。12 月份，全国 70 个大中城市中，新建商品住宅销售价格环比上涨的城市个数为 23 个，比 11 月份增加 6 个，今年 1 月份进一步增加至 24 个。针对地方政府债务压力，及时推出一揽子、综合性、靶向准的化债组合拳，一次性增加 6 万亿元地方政府债务限额置换存量隐性债务，有效增强地方经济发展动力活力。针对部分中小金融机构风险，健全金融稳定保障体系，统筹做好金融支持融资平台债务风险化解，守住了不发生系统性风险底线。

回顾 2024 年，中国经济航船无惧风雨、劈波斩浪，沿着高质量发展航道稳健前行，交出了一份难能可贵、令人鼓舞的成绩单。这些成绩的取得，根本在于有以习近平同志为核心的党中央坚强领导，有习近平新时代中国特色社会主义思想科学指引，更加坚定了我们在新时代新征程上扎实推进中国式现代化的决心和信心。

展望当前和今后一个时期，我国发展面临的内外环境仍然复杂严峻，外部环境变化带来的不利影响加深，国内经济运行面临有效需求不足等问题挑战，这是我国推进高质量发展、产业向中高端迈进过程中的阵痛，是发展中、前进中的问题。中国经济从来都是在风浪中成长、在磨砺中壮大的，我们既要认清问题、妥善应对，更要把握机遇、坚定信心。总的看，我国发展面临的机遇与挑战并存，但有利条件多于不利因素，发展基础稳、优势多、韧性强、潜能大，长期向好的支撑条件和基本趋势没有变，高质量发展的大势没有变，发展的“时”与“势”依然占优。只要我们保持战略定力，积极应对前进中面临的各种困难挑战，努力把各方面积极因素转化为发展实绩，中国经济就一定能够栉风沐雨砥砺前行，不断续写新的华章。

季度报告

Quarterly Report

国民经济开局良好 向好基础仍需加固

——一季度国民经济运行情况分析

今年以来，面对复杂严峻的国际环境和国内恢复进程中的困难挑战，在以习近平同志为核心的党中央坚强领导下，各地区各部门认真贯彻落实党中央、国务院决策部署，坚持稳中求进、以进促稳、先立后破，靠前发力实施宏观政策，固本培元增强内生动能，国民经济持续回升、开局良好，高质量发展取得新成效，积极因素累积增多。同时也要看到，外部环境复杂性、不确定性上升，国内有效需求不足、风险隐患较多等问题犹存，经济循环存在卡点堵点，回升向好的基础还需加固。

一、经济运行起步平稳、开局良好

一季度，随着宏观政策实施力度加大，经济内生动能继续修复，国民经济呈现增长稳中有升、就业物价稳定、国际收支平衡、市场信心增强等特点。初步核算，一季度国内生产总值(GDP)296299亿元，同比增长5.3%，比上年四季度加快0.1个百分点，比上年一季度加快0.8个百分点。其中，第一产业增加值11538亿元，同比增长3.3%；第二产业增加值109846亿元，增长6.0%；第三产业增加值174915亿元，增长5.0%。从环比看，GDP增长1.6%，连续7个季度保持正增长。

（一）生产供给稳中有升。农业生产形势良好。一季度，农林牧渔业总产值同比增长3.6%。春耕春播有序推进，春播进度略快于上年同期。种植意向调查显示，小麦、大豆意向播种面积基本稳定，稻谷、玉米意向播种面积分别比上年增长0.6%、1.0%。畜牧业平稳发展。一季度，猪牛羊禽肉产量同比增长1.4%，禽蛋、牛奶产量分别增长1.5%、5.1%。**工业生产较快增长。**一季度，规模以上工业增加值同比增长6.1%，比上年四季度加快0.1个百分点。其中，采矿业增长1.6%，制造业增长6.7%，电力热力燃气及水生产和供应业增长6.9%。从实物量指标看，一季度规模以上工业发电量同比增长6.7%。3月份，规模以上工业增加值同比增长4.5%。**服务业增势较好。**一季度，服务业增加值拉动经济增长2.9个百分点，对经济增长贡献率为55.7%，比第二产业高14.1个百分点。出行相关服务行业较快增长。一季度，住宿和餐饮业、交通运输仓储和邮政业、租赁和商务服务业增加值同比分别增长7.3%、7.3%、10.8%。3月份，服务业生产指数同比增长5.0%。

（二）国内需求继续恢复。市场销售平稳恢复。一季度，社会消费品零售总额120327亿元，同比增长4.7%；其中商品零售额增长4.0%，限额以上单位18个商品类别中有17类商品零售额增长。3月份，社会消费品零售总额同比增长3.1%。**服务消费潜力释放。**一季度，服务零售额同比增长10.0%，高于商品零售额6.0个百分点；文旅、餐饮等消费恢复势头较好，餐饮收入增长10.8%，交通出行服务类、文体休闲服务类零售额保持较快增长。居民人均服务性消费支出名义增长12.7%，占居民人均消费支出比重为43.3%。**投资增**

速有所加快。一季度,固定资产投资(不含农户)100042亿元,同比增长4.5%,比上年全年加快1.5个百分点。其中,制造业投资、基础设施投资分别增长9.9%、6.5%,加快3.4、0.6个百分点。重大项目建设带动作用明显。一季度,计划总投资亿元及以上大项目投资同比增长11.7%,拉动全部投资增长6.2个百分点。

(三)就业物价总体平稳。城镇调查失业率下降。一季度,全国城镇调查失业率平均值为5.2%,同比下降0.3个百分点;其中3月份为5.2%,同比、环比均下降0.1个百分点。大城市就业形势改善。一季度,31个大城市城镇调查失业率平均值为5.0%,同比下降0.7个百分点。**居民消费价格止跌企稳**。一季度,居民消费价格(CPI)同比持平,上年四季度为下降0.3%。从月度走势看,1月份下降0.8%,2、3月份分别上涨0.7%、0.1%,涨势总体温和。核心CPI保持上涨。一季度,扣除食品和能源的核心CPI同比上涨0.7%,其中服务价格上涨1.1%。

(四)国际收支基本平衡。货物贸易质升量稳。根据海关统计月初快报,一季度货物进出口总额同比增长5.0%,比上年四季度加快3.3个百分点。其中,出口额、进口额均增长5.0%,均有所加快。重点品类出口回暖。一季度,机电产品、劳密产品出口额同比分别增长6.8%、9.1%。民营企业进出口额同比增长10.8%,持续发挥外贸主力军作用。**服务贸易恢复向好**。1—2月份,服务进出口总额同比增长22.8%,其中出口额、进口额分别增长17.9%、26.5%。**外储外汇总体稳定**。3月末,外汇储备余额32457亿美元,比上年末增加77亿美元;人民币兑美元汇率中间价为7.0950元/美元,与上年末基本持平。

(五)市场活跃度有所提升。制造业PMI重回扩张区间。3月份,制造业采购经理指数(PMI)为50.8%,比上月上升1.7个百分点,重返扩张区间;大、中、小型企业PMI均位于临界点以上;调查的21个行业中有15个位于扩张区间，比上月增加10个，景气面明显扩大。**服务业景气水平回升。**3月份，服务业商务活动指数为52.4%，比上月上升1.4个百分点，连续3个月回升；其中服务业业务活动预期指数为58.2%，持续位于较高景气区间。**企业盈利状况有所改善。**1—2月份，规模以上工业企业利润由上年全年下降2.3%转为同比增长10.2%。41个工业大类行业中，29个行业利润同比增长，增长面为70.7%，比上年全年扩大4.8个百分点。**生产要素较为活跃。**一季度，货运量、营业性客运量、港口货物吞吐量同比分别增长5.3%、20.5%、6.1%。2月末，社会融资规模存量同比增长9.0%，其中对实体经济发放的人民币贷款余额增长9.7%。

二、高质量发展稳步推进、势头向好

各地区各部门完整、准确、全面贯彻新发展理念，牢牢把握高质量发展首要任务，在转方式、调结构、提质量、增效益上持续用力，转型升级态势向好，高质量发展取得新进展。

（一）新质生产力培育成长。科技创新成果涌现。我国首个“地面空间站”正式运行，国产首艘大型邮轮“爱达·魔都号”投入商业运营，自主研制的AG60E电动飞机成功首飞，有望助推新产业、新模式、新动能发展壮大。**新产业加快发展。**一季度，规模以上高技术制造业增加值同比增长7.5%，比上年四季度加快2.6个百分点，其中航空航天器及设备制造业、电子及通信设备制造业增加值均增长12.0%；信息传输、软件和信息技术服务业增加值增长13.7%。**新产品不断成长。**一季度，新能源汽车、太阳能电池、充电桩等新能源产品产量同比分别增长29.2%、20.1%、41.7%；太阳能工业用超白玻璃、单晶硅、多晶硅等新材料产品产量分别增长46.4%、58.2%、53.5%；服务机器人、3D打印设备等智能产品产量分别增长26.7%、40.6%。**新模式增势良好。**大数据、物联网等新技术催生大量新业态新模式，即时零售、直播带货等新型消费快速发展，带动一季度实物商品网上零售额同比增长11.6%，占社会消费品零售总额比重达23.3%。**新投资快速扩张。**一季度，高技术产业投资同比增长11.4%，比上年全年加快1.1个百分点；其中，计算机及办公设备制造业、信息服务业、研发设计服务业投资分别增长11.8%、16.9%、16.7%。**数字新基建加快建设。**"东数西算"首条400G全光省际骨干网正式商用，高速算力网络加快构建。截至2月底新建5G基站数13.2万个，累计达350.9万个。

（二）经济结构持续优化。内需主动力作用凸显。一季度，内需拉动经济增长4.5个百分点，对经济增长的贡献率为85.5%；其中最终消费支出贡献率为73.7%，高于资本形成总额61.9个百分点。**制造业升级发展。**一季度，全部制造业增加值同比增长6.4%，占国内生产总值比重为27.0%，比上年全年提高0.8个百分点；规模以上装备制造业、高技术制造业增加值占规模以上工业比重分别升至31.8%、15.2%。**消费投资内部结构优化。**一季度，限额以上单位体育娱乐用品、通讯器材等升级类商品零售额同比分别增长14.2%、13.2%。制造业补链强链持续推进，带动制造业技术改造投资增长8.2%，明显快于全部投资。**城乡收入差距缩小。**一季度，城乡居民人均可支配收入比值为2.30，同比缩小0.05。

（三）绿色低碳转型扎实推进。能源生产消费结构优化。一季度，规模以上工业风力发电量、太阳能发电量同比分别增长11.0%、17.5%，明显快于规模以上工业发电量。初步测算，一季度非化石能源消费量占能源消费总量的比重同比提高0.8个百分点。**清洁能源投资较快增长。**一季度，清洁电力投资同比增长40.5%。1—2月份，新增风力发电和太阳能发电装机容量占全部新增发电装机容量的比重为88.4%。**生态环境质量总体改善。**一季度，地级及以上城市空气质量优良天数比例同比上升3.5个百分点，地表水Ⅰ—Ⅲ类水质断面比例上升0.8个百分点。

(四)高水平对外开放不断深化。外贸外资结构优化。一季度,机电产品出口额占出口总额比重为59.2%,同比提高1.0个百分点。1—2月份,高技术产业引资占实际使用外资比重为33.2%,其中高技术制造业实际使用外资同比增长10.1%。**共建"一带一路"成效显著。**一季度,我国对共建"一带一路"国家进出口额同比增长5.5%,其中对东盟、俄罗斯、中亚五国分别增长6.4%、8.7%、18.5%。截至3月底,西部陆海新通道海铁联运班列日均发送货物2251标箱,同比增长7.2%。**外贸新业态和开放示范区发展态势较好。**1—2月份,跨境电商进出口额同比增长近一成,市场采购出口额增长15.9%;22个自由贸易试验区进出口额增长11.7%,海南自贸港进出口额增长超两成。

(五)民生保障有力有效。居民收入稳定增长。一季度,全国居民人均可支配收入11539元,扣除价格因素,同比实际增长6.2%。其中,人均工资性收入、人均经营净收入均名义增长6.8%。**社会兜底保障加强。**一季度,全国居民人均转移净收入同比名义增长4.8%,其中人均社会救助和补助收入、人均养老金离退休金增长16.2%、9.6%。**重点群体就业较好保障。**一季度,外来农业户籍劳动力城镇调查失业率平均值为4.7%,同比下降0.9个百分点;季末外出务工农村劳动力规模达18588万人,同比增长2.2%。**民生投资较快增长。**一季度,电力热力生产和供应业、教育行业投资同比分别增长36.7%、15.4%。万亿国债资金陆续使用,防洪排涝等水利设施建设加快,水利管理业投资同比增长13.9%。

三、持续回升向好基础不牢、动能不强

尽管经济运行开局良好,但外部不稳定不确定性上升,国内结构调整阵痛持续显现,有效需求不足制约明显,一些领域风险仍待化

解。3月份，规模以上工业增加值、服务业生产指数、社会消费品零售总额同比增速分别比1—2月份回落2.5、0.8、2.4个百分点，出口额转为下降3.8%。尽管生产需求指标同比增速回落有同期基数抬升的因素，但综合环比等指标研判，经济恢复势头有边际减弱迹象，持续回升向好态势仍需加固。3月份，规模以上工业增加值环比下降0.08%。

(一)国内有效需求增长动能不足。投资增长后劲乏力。先行指标持续低迷，一季度新开工项目计划总投资、本年实际到位资金同比分别下降16.1%、5.8%，降幅持续较大。受房地产投资下降影响，民间投资同比仅增长0.5%，明显低于整体投资增速。部分地方政府财政收支矛盾突出，投资资金配套保障不足，基建投资恢复的可持续性需要观察。一季度，基础设施投资中占比较大的公共设施管理业投资同比下降2.4%，道路运输业投资增速比1—2月份回落4.7个百分点。**消费恢复面临较多制约。**部分群体就业和收入预期不稳，居民消费能力和意愿仍待提升。一季度，全国居民平均消费倾向为63.3%，仍未恢复到疫情前同期水平。3月份，消费者信心指数为89.4，已连续24个月位于临界点以下。调研中多地反映，居民消费呈现消费场景恢复快于消费能力恢复、小额高频消费好于大额耐用品消费的分化态势。同时，车企大打“价格战”，消费者“持币观望”，汽车等大宗消费仍较低迷。3月份，限额以上单位汽车类商品零售额同比由1—2月份增长8.7%转为下降3.7%。

(二)市场价格低位运行。消费价格处于低位。一季度，CPI同比涨幅为近十年同期最低水平。受节后消费需求回落、市场供应总体充足等因素影响，3月份CPI环比下降1.0%，符合季节性规律，但回落幅度超过历史同期水平，反映市场消费需求仍然不足。下阶段，气温升高或将影响生鲜食品价格有所回落，食品价格总体处于低位；房地产市场低迷影响住房装潢材料等价格，叠加汽车降价促销较多，工业消费品价格可能偏弱。**生产价格同比下降态势持续。**一季度,工业生产者出厂价格(PPI)同比下降2.7%,为2017年以来同期最大降幅。3月份,PPI同比下降2.8%,降幅比上月扩大0.1个百分点,连续18个月下降,煤炭、钢铁、建材等行业价格下降较多。下阶段,受国际贸易政策影响,汽车和机电设备等出口占比较大的行业价格或将承压,非电用煤需求依然疲弱,房地产市场持续调整抑制钢材、水泥等需求,预计PPI下降的态势仍将持续一段时间。价格是经济运行的综合反映,CPI和PPI持续低位运行一定程度上反映了社会总需求偏弱,也不利于市场预期稳定。

(三)产需循环不畅加大经营主体压力。有效需求不足,企业间竞争加剧,产能利用率和产销率"双降",回款压力和成本压力"双增",企业不同程度存在以价换量、增收不增利的问题。**产销率创新低。**3月份,规模以上工业企业产品销售率为93.1%,比1—2月份下降2.9个百分点,为2004年以来新低;41个工业大类行业中,有33个行业产销率下降。**产能利用率下降。**一季度,规模以上工业产能利用率为73.6%,同比下降0.7个百分点,环比下降2.3个百分点,创2020年二季度以来新低。建材等传统行业产能利用率持续偏低,汽车等新兴行业存在重复布局和内卷式竞争,产能利用率明显下滑。一季度,非金属矿物制品业产能利用率仅为62.0%,同比下降1.9个百分点;汽车制造业、电气机械和器材制造业产能利用率分别为64.9%、72.7%,下降7.1、3.1个百分点。**账款拖欠和成本上升问题突出。**2月末,规模以上工业企业应收账款平均回收期为71.0天,同比增加2.7天。1—2月份,规模以上工业企业每百元营业收入中的成本为84.97元,同比增加0.11元;营业收入利润率为4.70%,处于历史同期较低水平。

(四)房地产调整的外溢影响持续显现。今年以来,房地产市场延续下行态势,房企经营压力上升,资金链紧张状况加剧,产业链上下游和关联领域持续受到外溢影响。**从生产看，**一季度房地产业增加值同比下降5.4%，直接下拉经济增长0.4个百分点。**从销售看，**新建商品房销售面积、销售额同比分别下降19.4%、27.6%，降幅比上年全年扩大10.9、21.1个百分点。3月末，商品房待售面积同比增长15.6%。**从投资看，**房地产开发投资同比下降9.5%，新开工面积下降27.8%。**从资金看，**房地产开发企业本年实际到位资金同比下降26.0%，降幅比上年全年扩大12.4个百分点，其中与商品房销售相关的定金及预收款、个人按揭贷款分别下降37.5%、41.0%。调研中企业反映，房企资金压力正在向供货方、施工方传导，回款难、逾期长现象有所加剧。**从产业链看，**水泥、挖掘铲土运输机械、水泥专用设备产量同比分别下降11.8%、4.7%、14.7%。

(五)外部环境复杂性和不确定性上升。世界经济增长前景充满不确定性。尽管近期世界经济有所回暖，但不稳定不确定因素依然较多，高利率、高债务、高通胀外溢风险影响持续，制约世界经济恢复进程。世界银行预测，2024年世界经济将增长2.4%，低于上年预计增速0.2个百分点，明显低于2010—2019年3.7%的年均增速；全球货物和服务贸易量预计增长2.3%，低于2010—2019年4.6%的平均水平。**贸易壁垒和争端加剧。**国际贸易投资低迷，产业链供应链加快调整重塑，贸易壁垒持续增多，汇路不畅、履约风险等问题有所显现，不利于我贸易投资稳定增长。3月份，“新三样”产品出口额同比下降12.8%。**全球风险点动荡源增多。**中东局势走向“危险区域”，俄乌冲突趋向长期化复杂化，全球“超级大选年”蕴藏新的变数，对于复杂地缘政治环境可能引发的风险需要高度关注。

此外，部分领域结构性问题和潜在风险不容忽视。企业招工难、技工荒和重点群体就业难并存，就业结构性矛盾比较突出。3月份，全国16—24岁人员(不含在校生)城镇调查失业率为15.3%，同比上升1.5个百分点。一些地方财政收支平衡难度较大，地方债务化解压力持续显现。

四、推动宏观政策加快落地、持续发力

综合来看，一季度国民经济开局良好，积极因素累积增多，为实现全年目标任务打下了较好基础。但外部环境更趋复杂严峻和不确定，国内处于转型升级、爬坡过坎的关键期，长期积累的结构性矛盾持续显现，制约经济回升向好的困难挑战仍多。下阶段，要把握二季度这个贯彻执行的时间窗口，抓紧抓好中央经济工作会议和全国“两会”精神的细化落实，坚持稳中求进、以进促稳、先立后破，加大宏观调控力度，统筹稳增长、增后劲、防风险等各项工作，加快把党中央、国务院决策部署转化为推动高质量发展的新成效，持续巩固和增强经济回升向好态势，推动经济实现质的有效提升和量的合理增长。

一是以更高效率推动既定政策落地见效。锚定全年目标任务，抓住有利时机和条件尽快推出已定政策，尽早形成实物工作量。用好宏观政策取向一致性评估机制，完善政策配套举措，发挥“高效办成一件事”机制作用，最大程度释放政策效能，提升宏观政策向微观传导实效。

二是以更高质量加快发展新质生产力。结合我国经济发展阶段变化，统筹稳增长和增后劲，以科技创新推动产业创新，因地制宜发展新质生产力。加大前沿技术创新支持力度，推进重点领域技术攻关示范应用。扎实推进传统产业升级，加大“智改数转网联”改造支持力度。拓展人工智能应用空间，培育壮大新兴产业和未来产业，深入推进数字经济创新发展。

三是以更大力度全面深化改革扩大开放。坚持统筹推进深层次改革和高水平开放，持续激发和增强社会活力。加快全国统一大市场建设，健全产权保护、公平竞争等基础性制度和防范化解拖欠企业账款长效机制，提高各类资源要素利用效率。营造敢闯敢干敢投的

良好营商环境，激发国企、民企、外企等经营主体活力。优化跨境结算、汇率风险管理等金融服务，支持企业开拓多元市场，促进跨境电商等新业态健康发展。更大力度吸引和利用外资，实施自贸试验区提升战略。

四是以更实举措防范化解重点领域风险。面对复杂局面，要坚持底线思维，牢牢守住不发生系统性风险底线。因地制宜优化房地产政策，更好支持房地产企业合理融资需求，化解房企流动性风险。加快构建房地产发展新模式，加快推动“三大工程”建设。完善地方政府债务监管体系，有序推进地方融资平台转型、中小金融机构改革化险，压实企业主体责任、部门监管责任、地方属地责任，提升风险处置效能。

经济运行总体平稳 循环畅通亟待增强

——上半年国民经济运行情况分析

今年以来，在以习近平同志为核心的党中央坚强领导下，各地区各部门坚持稳中求进、以进促稳、先立后破，靠前发力有效落实各项宏观政策，国民经济持续恢复，运行总体平稳、稳中有进，高质量发展取得新进展。同时也要看到，当前仍处于经济恢复和转型升级关键期，外部环境更趋复杂严峻和不确定，国内结构调整阵痛持续显现，有效需求不足制约更加凸显，经济循环存在卡点堵点，困难隐忧有所增加，二季度以来部分指标明显走弱，下行压力有所加大。

一、国民经济持续恢复，宏观指标总体平稳

上半年，在宏观政策接续发力、外需有所回升等因素作用下，生产需求继续恢复，就业物价保持稳定，居民收入持续增长，国际收支基本平衡，经济运行总体平稳。初步核算，上半年国内生产总值(GDP)616836 亿元，同比增长 5.0%。分产业看，第一产业增加值 30660 亿元，增长 3.5%；第二产业增加值 236530 亿元，增长 5.8%；第

三产业增加值 349646 亿元,增长 4.6%。

(一)生产供给稳定增长。农业生产形势较好。全国夏粮产量 2996 亿斤,比上年增产 73 亿斤,增长 2.5%,再获丰收。畜牧业总体稳定。上半年,猪牛羊禽肉产量 4712 万吨,同比增长 0.6%,禽蛋、牛奶产量分别增长 2.7%、3.4%。**工业较快增长。**上半年,规模以上工业增加值同比增长 6.0%。分门类看,采矿业、制造业、电力热力燃气及水生产和供应业分别增长 2.4%、6.5%、6.0%。装备制造业支撑作用明显。上半年,规模以上装备制造业增加值同比增长 7.8%,拉动全部规模以上工业增长 2.6 个百分点,其中计算机通信和其他电子设备制造业、汽车制造业、铁路船舶航空航天和其他运输设备制造业增加值分别增长 13.3%、9.8%、11.6%。工业出口明显回升。上半年,规模以上工业出口交货值同比增长 3.3%,比一季度加快 2.5 个百分点。**服务业继续恢复。**上半年,服务业增加值拉动经济增长 2.6 个百分点,对经济增长贡献率为 52.6%。假日经济较为活跃,带动出行相关服务较快增长。上半年,住宿和餐饮业、交通运输仓储和邮政业、租赁和商务服务业增加值同比分别增长 6.6%、6.9%、9.8%。

(二)国内需求继续修复。市场销售保持增长。上半年,社会消费品零售总额 235969 亿元,同比增长 3.7%,其中商品零售额增长 3.2%,餐饮收入增长 7.9%。限额以上单位 18 个商品类别中有 15 类商品零售额实现增长。**服务消费潜力释放。**上半年,服务零售额同比增长 7.5%,快于商品零售 4.3 个百分点;其中交通出行服务类、通讯信息服务类、旅游咨询租赁服务类零售额保持较快增长。**投资规模继续扩大。**上半年,固定资产投资(不含农户)245391 亿元,同比增长 3.9%,扣除价格因素实际增长 5.6%。制造业投资贡献率提升。上半年,制造业投资同比增长 9.5%,对全部投资增长贡献率达 57.5%,比一季度提高 5.2 个百分点。在大规模设备更新政策带动下,设备工器具购置投资同比增长 17.3%。大项目投资带动作用较强，计划总投资亿元及以上项目投资同比增长 8.4%，拉动全部投资增长 4.5 个百分点。

(三)就业收入总体稳定。城镇调查失业率稳中有降。上半年，全国城镇调查失业率均值为 5.1%，比上年同期下降 0.2 个百分点，比一季度下降 0.1 个百分点；其中 6 月份为 5.0%，与上月持平。农民工就业基本稳定。上半年，全国外来农业户籍劳动力城镇调查失业率均值为 4.7%，低于全国城镇调查失业率 0.4 个百分点；二季度末外出务工农村劳动力规模达 18997 万人，同比增长 1.6%。**居民收入持续增长。**上半年，全国居民人均可支配收入 20733 元，同比名义增长 5.4%，扣除价格因素实际增长 5.3%。从收入来源看，居民人均工资性收入、人均经营净收入分别名义增长 5.8%、6.4%，快于全部居民收入增长。

(四)物价水平温和回升。消费价格低位回升。上半年，居民消费价格(CPI)同比上涨 0.1%，其中二季度上涨 0.3%，一季度为同比持平。分类别看，食品价格下降 2.7%，非食品价格上涨 0.8%。核心 CPI 温和上涨，扣除食品和能源的核心 CPI 上涨 0.7%，其中服务价格上涨 0.9%。6 月份，CPI 同比上涨 0.2%，连续 5 个月保持上涨。**生产价格降幅连续收窄。**上半年，工业生产者出厂价格(PPI)同比下降 2.1%，其中二季度下降 1.6%，降幅比一季度收窄 1.1 个百分点。6 月份，PPI 同比下降 0.8%，降幅连续 3 个月收窄。

(五)国际收支基本平衡。货物贸易质升量增。上半年，货物进出口总额 211699 亿元，同比增长 6.2%，规模创历史同期新高；其中出口额增长 6.9%，进口额增长 5.2%。重点品类出口优势巩固。上半年，劳密产品、家用电器、集成电路等传统优势产品出口额同比分别增长 6.6%、18.3%、25.6%；电动汽车、船舶、数控机床等新兴赛道产品出口额分别增长 24.1%、90.9%、10.9%。**服务贸易较快增长。**1—5 月份，服务进出口总额 30220 亿元，同比增长 16%。**外汇外储总**

体平稳。6月末，人民币兑美元汇率中间价为7.1268元/美元，比3月末贬值0.4%；外汇储备余额32224亿美元，稳定在3.2万亿美元以上。

二、转型升级稳步推进，高质量发展态势向好

各地区各部门锚定高质量发展首要任务不动摇，完整、准确、全面贯彻新发展理念，因地制宜发展新质生产力，有力推动动能转换、结构升级、质效向好，高质量发展取得新成效。

(一)科技创新引领作用增强。重大科技成果不断涌现。嫦娥六号实现月背采样返回，深中通道正式通车试运营，全球首艘第五代LNG船“绿能瀛”号成功交付，自主研制的300兆瓦级F级重型燃气轮机完成总装下线，科技自立自强水平持续提升，一批重大创新成果实现产业化。**高技术产业增势良好。**上半年，规模以上高技术制造业增加值同比增长8.7%，比一季度加快1.2个百分点，其中航空航天器及设备制造业增加值增长10.0%；半导体器件专用设备制造、集成电路制造、智能无人飞行器制造等行业增加值分别增长30.9%、16.5%、57.0%。**数字经济快速发展。**上半年，信息传输、软件和信息技术服务业增加值增长11.9%。数字新基建加快建设，截至5月末，新建5G基站46万个，全国规划具有高性能计算机集群的智算中心达10余个，智能算力占算力总规模比重超过30%。**智能绿色新产品表现亮眼。**上半年，3D打印设备、集成电路、服务机器人、智能手表等智能产品产量同比分别增长51.6%、28.9%、22.8%、10.9%；新能源汽车、太阳能电池等绿色产品产量分别增长34.3%、17.8%。**消费新业态占比提升。**上半年，实物商品网上零售额同比增长8.8%，占社会消费品零售总额比重达25.3%，比一季度提高2.0个百分点；全国快递业务量完成800亿件，同比增长23%。

(二)结构调整持续推进。制造业提质发展。上半年，全部制造业

增加值同比增长6.3%，快于GDP增速1.3个百分点，占GDP比重为27.0%；规模以上装备制造业、高技术制造业增加值占规模以上工业比重分别为33.3%、15.8%，同比提高1.0、0.6个百分点。**内需主动力作用继续显现。**上半年，内需拉动经济增长4.3个百分点，对经济增长贡献率为86.1%；其中最终消费支出贡献率为60.5%，高于资本形成总额34.9个百分点。消费投资内部结构优化。上半年，限额以上单位体育娱乐用品、通讯器材等升级类商品零售额同比分别增长11.2%、11.3%；高技术产业投资增长10.6%，快于全部投资6.7个百分点。**城乡居民收入差距缩小。**上半年，农村居民人均可支配收入同比实际增长6.6%，快于城镇居民2.1个百分点；城乡居民人均可支配收入比值为2.45，同比缩小0.05。

（三）绿色低碳发展步伐稳健。能源生产投资结构优化。上半年，清洁电力投资同比增长35.4%，保持较快增长；规模以上工业水电、核电、风电、太阳能发电量合计增长13.4%，占全部规模以上工业发电量比重提升至32.2%。**清洁能源消费占比提升。**初步测算，上半年非化石能源消费量占能源消费总量的比重同比提高1.9个百分点。

（四）高水平对外开放持续深化。贸易和引资质量提升。上半年，机电产品出口额占出口总额比重为58.9%，同比提高0.7个百分点；民营企业进出口额占进出口总额比重提高2.5个百分点。1—5月份，高技术制造业实际使用外资占全部实际使用外资比重为12.2%，同比提高2.7个百分点。**共建“一带一路”走深走实。**上半年，我国对共建“一带一路”国家合计进出口额同比增长7.2%，快于全部进出口1.0个百分点。截至7月10日，中欧班列累计开行量破万列，比上年提前19天；货物发送量同比增长11.0%。**免签“朋友圈”扩容显效。**免签国家范围继续扩大，外国人来华经商、旅游观光、探亲访友热度攀升。上半年，全国各口岸入境外国人超1400万人次，同比增长152.7%，其中通过免签入境外国人次增长190.1%。

(五)民生保障与安全发展水平提升。保基本兜底线有效。上半年,全国居民人均转移净收入同比名义增长5.0%,其中人均社会救济和补助收入、人均养老金或离退休金分别增长5.5%、8.9%。**民生领域投入加大。**上半年,电力热力生产和供应业、教育行业投资同比分别增长29.9%、6.7%。**能源保供能力增强。**上半年,规模以上工业发电量同比增长5.2%,原油、天然气产量分别增长1.9%、6.0%,原煤产量超22亿吨,有效保障了生产生活用能。**产业链供应链韧性提升。**补链强链扎实推进,上半年制造业技改投资同比增长10.0%。新能源汽车产业链较快增长,配套产品充电桩、汽车用锂离子动力电池产量分别增长25.4%、16.5%。产业链骨干企业加快壮大。截至6月末,累计培育专精特新中小企业已超14万家,其中专精特新"小巨人"企业达1.2万家。

三、国内有效需求不足矛盾更趋突出,经济下行压力加大

在充分肯定成绩的同时,也要看到外部环境复杂性、严峻性、不确定性上升,国内结构调整阵痛持续显现,需求不足、收入放缓、预期转弱相互影响,经济循环不够顺畅,经济运行稳中有忧、稳中有缓,下行压力明显加大。

(一)内外挑战交织叠加,二季度主要指标明显走弱。外部打压遏制升级,国内有效需求不足,房地产市场深度调整,企业经营困难较多,市场预期转弱,经济恢复过程中隐忧增多。**从二季度看,经济增长明显放缓。**国内生产总值同比增长4.7%,比一季度回落0.6个百分点;社会消费品零售总额增长2.6%,回落2.1个百分点;固定资产投资累计增长3.9%,回落0.6个百分点;服务零售额累计增长7.5%,回落2.5个百分点;服务业增加值增长4.2%,回落0.8个百分点;规模以上工业增加值增长5.9%,回落0.2个百分点。**从6月份看,主要生产需求指标进一步下滑。**社会消费品零售总额同比增

长 2.0%，比上月回落 1.7 个百分点，为 2023 年疫情防控平稳转段以来新低；规模以上工业增加值增长 5.3%，比上月回落 0.3 个百分点，连续 2 个月放缓；服务业生产指数增长 4.7%，比上月回落 0.1 个百分点。

(二)国内有效需求不足进一步凸显，制约经济持续恢复。二季度以来，外需总体有所回暖，而消费投资增速明显放缓，内需尤其是最终消费支出对经济增长拉动减弱，反映内需不足是经济循环畅通最主要制约因素。二季度，最终消费支出拉动经济增长 2.2 个百分点，比一季度回落 1.7 个百分点。**从消费看，**商品和服务零售总体呈回落态势，社会消费品零售总额增速降至历史低位。部分经济大省和国际消费中心城市限额以上单位消费品零售额下降。6 月份，限额以上单位消费品零售额由上月同比增长 3.4%转为下降 0.6%，为 2023 年以来首次下降；31 个省(区、市)中，有 16 个地区限额以上单位消费品零售额下降。线上消费大幅回落。上半年，实物商品网上零售额同比增速比一季度回落 2.8 个百分点。大宗商品和品质类消费不振。6 月份，限额以上单位汽车类商品零售额同比下降 6.2%，连续 4 个月下降，其中燃油车零售额降幅接近 20%；建筑及装潢材料类商品零售额下降 4.4%，连续 3 个月下降。反映品质消费的限额以上单位品牌专卖店、百货店零售额同比分别下降 5.1%、2.2%。居民消费意愿和信心不足。上半年，居民平均消费倾向为 65.6%，低于 2019 年同期 1.9 个百分点。6 月份，消费者信心指数为 86.2，明显低于 100 的临界值，连续 3 个月回落。二季度，全国居民人均消费支出同比实际增速比一季度回落 3.6 个百分点。**从投资看，**项目和资金制约明显，重点领域投资持续下滑。部分地方政府投资资金保障能力偏弱，上半年基础设施投资同比增长 5.4%，连续 3 个月回落，其中公共设施管理业、道路运输业分别下降 4.5%、1.0%。房地产市场继续下行，房地产开发投资同比下降 10.1%；受此影响，民间投资仅增长

0.1%。从资金来源和新开工看，投资增长后劲不足。上半年，固定资产投资本年实际到位资金同比下降4.7%，自2023年7月份以来持续下降；新开工项目计划总投资下降5.8%。

（三）三大主体收入增长放缓，制约内需持续扩张。二季度以来，居民、企业、政府三大主体增收难度均有所加大，导致消费投资能力和意愿下滑，制约扩内需政策成效。**居民收入增长放缓。**上半年，全国居民人均可支配收入同比实际增速比一季度回落0.9个百分点，二季度实际增长4.1%，比一季度回落2.1个百分点，慢于同期经济增速0.6个百分点。特别是，企业效益不佳拖累工资增长，二季度城镇居民人均可支配收入实际增速比一季度回落1.9个百分点；占城镇居民收入比重超六成的工资性收入名义增速比一季度回落2.2个百分点。居民收入增长放缓，叠加股票、房地产价格下降带来的负向财富效应，对消费扩张形成制约。**企业利润增速连续回落。**受成本上升、价格下降等因素双向挤压，1—5月份规模以上工业企业利润同比增长3.4%，今年以来总体呈回落态势，其中5月份仅增长0.7%，影响企业扩大再生产的能力和积极性。**财政收支矛盾突出。**1—5月份，全国一般公共预算收入同比下降2.8%，其中税收收入下降5.1%；国有土地使用权出让收入下降14%。收入下滑叠加刚性支出不减，地方政府可用财力下降，重点项目推进面临较大困难。

（四）需求持续走弱阻滞经济循环畅通，企业困难增多预期不稳。市场有效需求不足，“内卷式”竞争加剧，企业生产经营压力加大，经济循环不畅的影响持续显现。**产销率和产能利用率降至较低水平。**6月份，规模以上工业企业产品销售率为94.5%，比上月下降2.1个百分点，比上年同期下降1.3个百分点，为有统计以来历史同期最低点，产销衔接不畅的问题进一步凸显。上半年，规模以上工业产能利用率为74.3%，同比下降0.1个百分点，为近4年同期最低点。**企业回款压力上升。**需求低迷加剧企业账款拖欠，资金压力持续上升。5

月末，规模以上工业企业应收账款同比增长 8.0%，比上月末提高 0.4 个百分点。**市场预期再次走弱。**6 月份，制造业采购经理指数（PMI）为 49.5%，连续 2 个月处于收缩区间；其中，中、小型企业 PMI 分别为 49.8%、47.4%，均低于大型企业。

此外，部分领域风险隐忧需要关注。房地产市场深度调整，商品房销售持续低迷，库存升至高位。6 月末，新建商品房待售面积 73896 万平方米，规模为历史同期最高水平，同比增长 15.2%。就业结构性压力犹存，青年失业率仍处高位。6 月份，不含在校生的 16—24 岁、25—29 岁劳动力城镇调查失业率分别为 13.2%、6.4%，同比上升 1.4、0.2 个百分点。南方地区持续强降雨等极端天气增加了农业生产的不确定性，从遥感长势监测结果看，6 月下半月早稻总体长势比上年同期略差。

四、加大宏观政策实施力度，着力畅通循环增强内生动能

综合来看，当前经济运行总体平稳，但恢复不均衡、不稳定，特别是内外因素叠加、周期性结构性矛盾交织，国内大循环不够顺畅，经济内生动能不强，持续回升向好基础不牢固。展望下半年，国际政治经济环境变乱交织，高利率高债务高风险冲击持续，不稳定不确定因素明显增多，贸易壁垒影响将逐步显现，出口增长面临多重制约，对经济的拉动作用或将减弱；国内有效需求不足矛盾突出，部分地方财政收支压力较大，重点领域风险仍待化解，市场预期不稳，叠加三、四季度高基数影响，完成全年经济增长预期目标难度加大，亟需长短结合、综合施策、持续用力、形成合力。

面对复杂局面，要把握三季度这一完成全年目标任务的关键时期，全面贯彻落实中央政治局会议精神和中央决策部署，充分估计国际格局发展演变的复杂性和国内结构调整的曲折性，锚定全年目标任务，加力实施宏观政策，全面落实已确定的政策举措，加强经济监

测预警和政策预研储备，及时出台增量政策措施，对冲经济下行压力。围绕破除经济循环堵点，深入落实党的二十届三中全会关于进一步全面深化改革的决策部署，推动标志性改革开放举措加快落地，更大力度激发市场活力和内生动力。围绕高质量发展首要任务，坚持系统思维，更好统筹稳增长和增后劲、统筹扩大内需和深化供给侧结构改革、统筹深层次改革和高水平开放、统筹发展和安全，加快培育新质生产力，促进经济实现质的有效提升和量的合理增长。

要把扩大国内有效需求摆在更加突出位置。**一是**加大“两新”政策实施力度，研究通过超长期特别国债资金加大对大规模设备更新和消费品以旧换新支持力度，扩大汽车以旧换新补贴支持范围，加大财政支持家电、家装厨卫等消费品以旧换新力度。**二是**拓展消费新场景，支持文化体育旅游融合发展，促进家政、育幼、养老等服务消费扩容提质。支持商贸企业加快数字化转型升级，推进智慧零售、智慧物流等新技术广泛应用，不断升级消费体验。**三是**加快中央预算内投资、专项债、超长期特别国债等使用进度，加快细化“两重”行动方案，推动新增投资尽快形成实物工作量。**四是**完善重点群体就业支持政策，多措并举增加居民特别是低收入群体收入，持续提高居民消费能力。深化收入分配制度改革，提高劳动者报酬在初次分配中的比重。着力增强资本市场稳定性，加大中长期资金入市力度，提高投资者信心。加力稳定房地产市场。**五是**继续推动财力下沉，加大对化债压力较大地区的财力支持，兜住基层“三保”底线。

经济向好因素累积增多 完成全年目标仍需努力

——前三季度国民经济运行情况分析

今年以来，以习近平同志为核心的党中央团结带领全国各族人民攻坚克难、沉着应对，不断加大宏观调控力度，着力深化改革开放、扩大国内需求、优化经济结构，我国经济顶住下行压力，运行总体平稳、稳中有进，新质生产力稳步发展，高质量发展扎实推进，社会大局保持稳定。9月份以来，随着既定政策加快落实、一揽子增量政策及时出台，尤其是月末召开的中央政治局会议有效提振市场信心，多数生产需求指标好转，推动经济回升向好的积极因素累积增多。下阶段，针对复杂严峻的外部环境和国内经济运行中的突出问题，要按照党中央、国务院决策部署，推进各项政策加快落地见效，强化存量政策和增量政策协同发力，切实扭转市场预期，巩固和增强经济回升向好势头，努力完成全年经济社会发展目标任务。

一、经济运行总体平稳，9月份主要指标边际改善

前三季度，经济增长、就业、物价、国际收支等宏观指标保持稳

定，近期多数主要指标边际改善，经济“稳”的主基调有效延续。初步核算，前三季度国内生产总值（GDP）949746亿元，同比增长4.8%，其中三季度增长4.6%。分产业看，第一产业增加值57733亿元，增长3.4%；第二产业增加值361362亿元，增长5.4%；第三产业增加值530651亿元，增长4.7%。

（一）生产供给持续增长。农业生产形势较好。前三季度，农林牧渔业总产值同比增长3.7%。夏粮增产、早稻丰收，秋收进展顺利，全年粮食生产有望再获丰收。畜牧业持续发展。前三季度，猪牛羊禽肉、禽蛋产量同比分别增长1.0%、3.5%。**工业生产总体平稳。**前三季度，规模以上工业增加值同比增长5.8%。分门类看，采矿业、制造业、电力热力燃气及水生产和供应业分别增长2.9%、6.0%、6.3%。装备制造业支撑作用明显。前三季度，规模以上装备制造业增加值同比增长7.5%，对规模以上工业增长贡献率达44.4%。工业品出口增长加快。前三季度，规模以上工业出口交货值同比增长4.1%，比上半年加快0.8个百分点。**服务业持续恢复。**前三季度，服务业增加值拉动经济增长2.6个百分点，对经济增长贡献率为53.9%。假日经济较为活跃，带动出行相关服务较快增长。前三季度，住宿和餐饮业、交通运输仓储和邮政业、租赁和商务服务业增加值同比分别增长6.3%、6.8%、10.1%。

（二）国内需求稳步恢复。市场销售继续增加。前三季度，社会消费品零售总额353564亿元，同比增长3.3%，其中商品零售额增长3.0%，餐饮收入增长6.2%；限额以上单位18个商品类别中，13类商品零售额实现增长。**服务消费潜力释放。**前三季度，服务零售额同比增长6.7%，快于商品零售额3.7个百分点。其中，通讯信息服务类、交通出行服务业零售额均保持两位数增长。文化和旅游部数据显示，国庆假期国内出游人次、出游总花费按可比口径同比分别增长5.9%、6.3%。**投资规模继续扩大。**前三季度，固定资产投资（不含农户)378978 亿元,同比增长 3.4%;其中,制造业投资增长 9.2%,快于全部投资 5.8 个百分点。大项目投资带动作用突出。前三季度,计划总投资亿元及以上项目投资同比增长 7.1%,拉动全部投资增长 3.9 个百分点。

(三)就业物价总体稳定。调查失业率稳中有降。前三季度,全国城镇调查失业率均值为 5.1%,比上年同期下降 0.2 个百分点,与上半年持平;其中 9 月份为 5.1%,比上月下降 0.2 个百分点。农民工就业总体改善。前三季度,全国外来农业户籍劳动力城镇调查失业率均值为 4.7%,低于上年同期 0.4 个百分点;三季度末外出务工农村劳动力规模达 19014 万人,同比增长 1.3%。**消费价格温和回升。**前三季度,居民消费价格(CPI)同比上涨 0.3%,涨幅比上半年扩大 0.2 个百分点;扣除食品和能源的核心 CPI 上涨 0.5%。从季度看,一季度 CPI 同比持平,二、三季度分别上涨 0.3%、0.5%,总体温和回升。

(四)居民收支稳定增长。居民收入继续增加。前三季度,全国居民人均可支配收入 30941 元,同比名义增长 5.2%,扣除价格因素实际增长 4.9%;其中,人均工资性收入、经营净收入分别名义增长 5.7%、6.4%,有效支撑居民收入增长。农民工收入稳定增长。三季度,外出务工农村劳动力月均收入 4893 元,同比增长 3.3%。**居民消费支出持续恢复。**前三季度,全国居民人均消费支出 20631 元,同比名义增长 5.6%,扣除价格因素实际增长 5.3%。服务性消费支出比重提高。前三季度,全国居民人均服务性消费支出同比名义增长 7.6%,占人均消费支出的比重为 47.0%,同比提高 0.9 个百分点。

(五)国际收支基本平衡。货物贸易规模创新高。前三季度,货物进出口总额 323252 亿元,同比增长 5.3%,规模创历史同期新高;其中出口额增长 6.2%,进口额增长 4.1%。据海关测算,1—7 月份,我国货物出口全球份额达 14.3%,同比提高 0.4 个百分点。**服务贸易**

较快增长。1—8 月份，服务进出口总额 48866 亿元，同比增长 14.3%。**人民币汇率稳中有升。**9 月末，人民币兑美元汇率中间价为 7.0074 元/美元，比 6 月末升值 1.7%。**外汇储备再超 3.3 万亿美元。**9 月末，我国外汇储备达 33164 亿美元，比 8 月末增加 282 亿美元，时隔近 9 年再度升至 3.3 万亿美元以上。

更要看到，随着存量政策效应继续释放、增量政策出台实施，近期市场预期改善，发展活力有所增强，一些重点领域出现积极变化。**一是 9 月份多数生产需求指标边际改善。**9 月份，规模以上工业增加值同比增长 5.4%，比上月加快 0.9 个百分点，在连续 4 个月回落后首次回升；服务业生产指数增长 5.1%，加快 0.5 个百分点；社会消费品零售总额增长 3.2%，加快 1.1 个百分点；固定资产投资累计增速与 1—8 月份持平，结束了 4 月份以来逐月放缓态势。**二是"两新""两重"等政策效果持续释放。**从需求端看，受大规模设备更新带动，前三季度设备工器具购置投资同比增长 16.4%，拉动全部投资增长 2.1 个百分点。受消费品以旧换新带动，9 月份限额以上单位家用电器和音像器材类商品零售额同比增长 20.5%，比上月加快 17.1 个百分点；汽车类商品零售额由上月下降 7.3%转为增长 0.4%。截至 10 月 7 日，商务部汽车以旧换新平台已收到补贴申请超 127 万份，带动新车销售超 1600 亿元。从生产端看，"两新"政策带动相关行业生产向好，前三季度，金属冶炼设备、数控锻压设备、农产品加工专用设备等装备产品产量同比分别增长 13.2%、11.2%、34.6%；新能源汽车、家用冷柜、房间空气调节器等产量分别增长 33.8%、14.0%、8.0%。同时，特别国债、专项债加快发放，有助于"两重"建设稳步推进。截至 9 月底，累计发行超长期特别国债 7520 亿元，各地发行新增专项债券 3.6 万亿元，占全年额度的 92.5%。**三是"股市""楼市"活跃度有所提升。**房地产市场仍在调整，但相关指标降幅收窄。1—9 月份，新建商品房销售面积同比降幅比 1—8 月份收窄 0.9 个百分点，连续 4 个月收窄；销售额降幅收窄0.9个百分点，连续5个月收窄；房地产开发投资降幅收窄0.1个百分点，今年以来首次收窄。“十一”黄金周期间，多地楼盘到访量、成交量均出现不同程度增长。金融市场交易较为活跃。9月30日，沪深两市成交额超过2.59万亿元，创下历史新高；受股票交易量快速增长等带动，9月份金融业生产指数同比增长6.5%，比上月加快0.8个百分点。**四是企业预期逐步改善。**企业景气度回升。9月份，制造业PMI为49.8%，比上月上升0.7个百分点，其中生产指数为51.2%，上升1.4个百分点。企业对四季度经营预期看好。生产经营景气状况问卷调查显示，预期四季度经营状况乐观的规模以上工业企业占比为34.1%，环比上升1.3个百分点；调查的规模以下小微工业企业中，预计四季度生产增速加快或持平的企业比重达到84.4%，环比上升0.3个百分点。

二、高质量发展扎实推进，新质生产力加快形成

在稳定经济运行的同时，各地区各部门坚持稳中求进、以进促稳、先立后破，完整、准确、全面贯彻新发展理念，因地制宜发展新质生产力，有力促进了动能培育壮大、结构调整优化、民生持续改善，经济发展韧性和活力不断彰显。

（一）创新发展蓄力赋能。科技创新能力持续提升。自主研制的300兆瓦级F级重型燃气轮机首次点火成功，国内首次无人驾驶重载列车完成试运行。世界知识产权组织报告显示，2024年我国创新指数居全球第11位，比上年提升1位。**产业高端化态势明显。**前三季度，规模以上高技术制造业增加值同比增长9.1%，快于规模以上工业3.3个百分点，其中电子及通信设备制造业、航空航天器及设备制造业增加值分别增长12.2%、12.5%；集成电路、光电子器件、动车组等高技术产品产量分别增长26.0%、21.4%、44.5%。**数实融合日益深化。**前三季度，规模以上数字产品制造业增加值同比增速快于规

模以上工业增加值增速;信息传输、软件和信息技术服务业增加值增长11.3%。**消费新模式新场景持续拓展。**前三季度,实物商品网上零售额同比增长7.9%,占社会消费品零售总额比重达25.7%,比上半年提高0.4个百分点;限额以上单位中,即时消费需求较为集中的便利店商品零售额同比增长4.7%;消费体验佳的仓储会员店商品零售额增长17.0%。

(二)协调发展持续推进。产业结构优化升级。前三季度,服务业增加值占GDP比重为55.9%,同比提高0.3个百分点。制造业提质发展。前三季度,制造业增加值占GDP比重为26.4%,保持基本稳定;规模以上装备制造业、高技术制造业增加值占规模以上工业增加值比重分别为33.8%、15.9%,同比提高0.9、0.6个百分点。**消费投资内部结构调优。**前三季度,限额以上单位体育娱乐用品、通讯器材等升级类商品零售额同比分别增长9.7%、11.9%,快于限额以上商品零售额6.7、8.9个百分点;高技术产业投资增长10.0%,快于全部投资6.6个百分点。**城乡居民收入差距缩小。**前三季度,农村居民人均可支配收入同比实际增长6.3%,快于城镇居民2.1个百分点;城乡居民人均可支配收入之比为2.46,同比缩小0.05。

(三)绿色转型成效明显。能源清洁转型步伐加快。前三季度,清洁电力投资同比增长33.2%;规模以上工业核电、风电、太阳能发电等发电量增长11.6%,占规模以上工业发电量比重为18.5%,同比提高1.0个百分点。清洁能源消费占比提升。初步测算,前三季度非化石能源消费量占能源消费总量的比重同比提高2.6个百分点。**绿色产业蓬勃发展。**前三季度,新能源汽车配套的汽车用锂离子动力电池、充电桩等产品产量同比分别增长15.1%、57.2%;太阳能电池产量增长12.8%,带动太阳能工业用超白玻璃、单晶硅产量分别增长61.2%、29.4%。

(四)高水平对外开放取得新进展。贸易结构持续优化。前三季度，机电产品出口额占出口总额比重为59.3%，同比提高1.0个百分点；民营企业进出口额占进出口总额比重为55%，提高2.1个百分点。**外贸新业态增势良好。**海关初步测算显示，前三季度跨境电商进出口额同比增长11.5%，其中出口增长15.2%。**共建"一带一路"走深走实。**前三季度，我国对共建"一带一路"国家进出口额同比增长6.3%，占进出口总额比重提高至47.1%。截至9月16日，中老铁路累计运输国际货物破千万吨。

(五)保民生保安全扎实有力。民生兜底保障持续发力。前三季度，居民人均转移净收入同比名义增长4.9%，其中人均社会救济和补助收入、人均养老金或离退休金分别增长11.5%、8.1%。**民生补短板力度加大。**前三季度，电力热力生产和供应业、农业投资同比分别增长30.8%、4.5%，快于全部投资27.4、1.1个百分点；全国一般公共预算支出中，社会保障和就业、城乡社区支出分别增长4.3%、6.1%，均快于一般公共预算支出增速。**能源供应有效保障。**前三季度，规模以上工业发电量同比增长5.4%，原油、天然气产量分别达1.6亿吨、1830亿立方米，增长2.0%、6.6%；原煤产量为34.8亿吨，增长0.6%，统调电厂存煤保持在2亿吨以上，有力保障了生产生活用能。**产业链供应链韧性提升。**制造业强链补链扎实推进，前三季度制造业技改投资同比增长9.5%，快于全部投资增速6.1个百分点。航空航天等高端产业和新能源汽车等新兴产业快速发展，不断塑造产业链新优势。

三、困难挑战仍然不少，回升向好基础仍待夯实

虽然前三季度经济运行总体平稳，近期出现一些积极变化，但外部环境日趋复杂严峻和不确定，国内有效需求不足制约明显，行业企业竞争加剧，物价持续低迷，新旧动能转换存在阵痛，加上高温、暴雨、台风等极端天气影响，二季度以来部分经济指标出现波动，推动

经济持续回升向好仍面临不少困难挑战。一、二、三季度，GDP 同比分别增长 5.3%、4.7%、4.6%，呈现放缓态势。

（一）消费投资增势偏弱，需求不足矛盾仍比较突出。三季度，内需对经济增长拉动明显减弱，最终消费支出、资本形成总额分别拉动经济增长 1.4、1.3 个百分点，比二季度低 0.8、0.6 个百分点。**从消费看，**受收入增长放缓、消费意愿偏弱等影响，市场销售持续低位徘徊。三季度，社会消费品零售总额同比仅增长 2.7%，增速持续偏缓。9 月份，消费者信心指数为 85.7，连续 6 个月下降。居民对可选消费更趋谨慎，家具、建材等住房类消费低迷，反映品质消费的品牌专卖店、百货店零售额持续下降。此外，核心 CPI 走低，凸显消费需求不足。9 月份，扣除食品和能源的核心 CPI 同比仅上涨 0.1%，涨幅连续 3 个月回落。**从投资看，**受部分地方政府基建推进偏慢、房地产持续下行、企业投资能力和意愿不足等因素影响，稳投资难度较大。前三季度，基础设施投资同比增长 4.1%，累计增速连续 6 个月回落；民间投资下降 0.2%，上半年为增长 0.1%。新开工项目接续不足，制约投资增长后劲。

（二）工业品价格降幅扩大，企业生产经营困难较多。受国际大宗商品价格波动、国内有效需求不足等影响，工业生产者出厂价格（PPI）延续降势。前三季度，PPI 同比下降 2.0%，其中 9 月份下降 2.8%，降幅比上月扩大 1.0 个百分点，已连续 24 个月同比下降，钢铁、石化、建材、化工等行业价格下降较多。从下阶段看，国际大宗商品价格回升动力不足，国内建材等价格持续承压，加之翘尾下拉影响，预计 PPI 仍将低位波动。PPI 持续低位运行加大企业经营压力，也给财政收入增长带来不利影响。**企业盈利空间受到挤压。**受价格持续低迷和成本高企双向挤压，企业不同程度面临增产不增收不增利的困境。1—8 月份，规模以上工业企业实现营业收入同比增长 2.4%，比上半年回落 0.5 个百分点；利润总额增长 0.5%，回落 3.0

个百分点，其中8月份下降17.8%。**产销衔接不畅、资金周转困难。**9月份，规模以上工业企业产品销售率为96.0%，同比、环比分别下降1.4、0.6个百分点。8月末，规模以上工业企业应收账款同比增长8.4%，应收账款平均回收期增加3.7天。

（三）城镇居民收入增长承压，农村居民“丰收难增收”。城镇居民收入增长持续偏慢。前三季度，全国城镇居民人均可支配收入同比实际增长4.2%，比上半年回落0.3个百分点，低于同期GDP增速0.6个百分点；其中，人均财产净收入名义仅增长0.2%，回落1.0个百分点。从季度看，三季度城镇居民人均可支配收入实际增长3.7%，低于同期GDP增速0.9个百分点。城镇居民收入增长偏慢制约其消费潜力释放，不利于经济回升向好。**农村居民一产经营净收入增长面临较大压力。**国内丰收增产叠加进口较多、消费不旺等因素，部分农牧产品价格持续下跌。根据主要农产品集贸市场价格，9月份小麦价格同比下降10.4%，已连续11个月下降，玉米、大豆、活牛、活羊价格分别下降16.3%、5.1%、20.0%、11.0%。与此同时，农业投入刚性支出居高不下，农业生产呈现“高投入、低效益”特点，农民“丰产丰收不增收”的现象突出。

（四）一些结构性问题比较突出，部分重点领域风险仍待化解。房地产调整外溢效应继续显现。尽管近期房地产出现一些回暖迹象，但投资、销售、价格仍在下降，对产业链上下游外溢影响持续扩散。前三季度，规模以上非金属矿物制品业增加值同比下降1.3%，上半年为增长0.1%；黑色金属冶炼和压延加工业增加值增长3.1%，比上半年回落1.7个百分点；限额以上单位建筑及装潢材料类商品零售额下降2.6%。**供给结构亟待优化。**部分行业供大于求的矛盾比较突出，产能利用率持续低位运行。三季度，规模以上工业产能利用率为75.1%，同比下降0.5个百分点，为2017年以来同期最低值；其中非金属矿物制品业、煤炭开采和洗选业等行业分别为61.7%、

72.7%，同比下降3.3、1.1个百分点。**青年失业率仍处高位。**9月份，不含在校生的16—24岁、25—29岁劳动力城镇调查失业率分别为17.6%、6.7%，比去年同期高0.9、0.4个百分点。

此外，世界经济增长动能趋缓，针对我国的贸易保护主义措施明显增多，带来的影响持续加深，我稳外贸稳外资压力增大。9月份，全球制造业PMI为48.8%，比上月回落0.8个百分点，连续3个月位于收缩区间。9月份，我国货物出口额同比增长1.6%，比上月回落6.8个百分点；1—8月份，实际使用外资同比下降31.5%，降幅连续扩大。

四、狠抓政策落地见效，努力完成全年发展目标任务

前三季度经济运行总体平稳、稳中有进，近期部分指标出现积极变化，但外部不稳定不确定难预料因素仍多，国内周期性、结构性问题交织，经济回升向好基础仍需巩固。针对这些问题，党中央、国务院已经进行了系统的研究部署，随着存量政策有效落实、增量政策加力推出、政策合力逐步增强，推动经济回升向好的积极因素将不断增多，四季度经济运行有望企稳回升。下阶段，要认真贯彻落实党的二十届三中全会和中央政治局会议决策部署，正视困难、坚定信心，切实增强做好经济工作的责任感和紧迫感，锚定全年目标任务，把握四季度关键节点，统筹今明两年，兼顾当前长远，铆足干劲、狠抓落实、务求实效，扎实推动经济向上、结构向优、发展向好。

立足当前，紧盯全年目标任务不放松，狠抓各项政策落实见效。四季度经济总量在全年中占比最大，是实现全年目标任务、推动经济回升向好的关键节点。要衔接好存量和增量政策，加大前期已出台政策举措落实力度，全面推动“两重”建设和“两新”工作落地见效，确保各项政策直达快享、应享尽享。加力推动一揽子增量政策落地生效，做好资金、项目、人力等各类要素保障，不断增强驱动经济持续回升的政策合力。促进房地产止跌回稳，努力提振资本市场，切实增强

市场信心。

着眼明年，统筹做好宏观政策跨年度衔接，为“十四五”顺利收官提供有力支撑。明年是“十四五”收官之年，也是推动经济持续回升向好的关键一年，要前瞻性谋划明年经济工作，做好今明两年宏观政策的统筹衔接和持续发力，继续发挥好宏观调控对稳定经济运行的关键作用，用好用足政策“工具箱”，确保政策提早谋划、尽早出台、更早见效，为明年经济稳定运行创造良好政策环境。

兼顾长远，加快落实标志性改革举措，持续推动高质量发展。加快落实进一步全面深化改革各项举措，以改革稳增长、调结构、增动能、提信心。在营商环境、财税制度、外贸体制、收入分配改革等方面下更大功夫，积极推进全国统一大市场建设，进一步优化市场化、法治化、国际化一流营商环境；进一步完善央地财政关系，适当提高中央财政支出比例；积极培育外贸发展新动能，建设更高水平开放型经济新体制；完善收入分配制度，提高劳动报酬在初次分配中比重，积极促进中低收入群体增收。

全年主要发展目标任务顺利实现
推动经济持续回升仍需艰苦努力

——2024年国民经济运行情况分析

2024年是新中国成立75周年，是实现"十四五"规划目标任务的关键一年。这一年，外部环境严峻复杂、内部困难挑战增加，经济稳定运行难度上升，一季度开局良好，但二、三季度经济增速持续下滑，下行压力明显加大。面对复杂局面，以习近平同志为核心的党中央团结带领全党全国各族人民，沉着应变、综合施策，精准有力实施宏观调控，持续深化改革开放，大力培育新质生产力，扎实推进高质量发展，特别是9月26日中央政治局会议果断部署一揽子增量政策，使社会信心有效提振，四季度经济明显回升，全年经济呈现"前高、中低、后扬"态势，经济社会发展主要预期目标任务顺利实现。同时也要看到，外部环境更趋复杂严峻，国内有效需求不足的问题仍较突出，价格低位运行，企业经营困难，居民增收承压，重点领域风险隐患较多，推动经济持续回升仍需付出艰苦努力。

一、主要预期目标顺利实现，四季度经济明显回升

一系列存量政策和增量政策协同发力、持续显效，我国经济攻坚克难砥砺前行，经济社会发展主要目标任务顺利实现。2024年，国内生产总值（GDP）比上年增长5.0%，全国城镇调查失业率均值为5.1%，居民人均可支配收入实际增长5.1%，略高于经济增速，进出口稳中提质，年末外汇储备稳定在3.2万亿美元以上，粮食产量首次突破1.4万亿斤。

（一）经济总量和人均水平实现新突破，经济实力再上新台阶。经济总量突破130万亿元。初步核算，2024年国内生产总值1349084亿元，比上年增长5.0%；其中，第一产业增加值91414亿元，增长3.5%；第二产业增加值492087亿元，增长5.3%；第三产业增加值765583亿元，增长5.0%。国内生产总值首次突破130万亿元，稳居世界第二，这是过去五年间跨越的第四个十万亿台阶。分季度看，一、二、三、四季度分别增长5.3%、4.7%、4.6%、5.4%。**人均GDP稳步提升。**2024年，我国人均国内生产总值95749元，比上年增长5.1%，按年平均汇率折算达13445美元。**经济增速位居全球前列。**我国5.0%的经济增速在世界主要经济体中位居前列，不仅明显高于美国（2.8%）、欧元区（0.7%）的预计增速，也明显高于全球3%左右的预计增长水平，对世界经济增长贡献率预计达到30%左右，继续发挥世界经济增长最大引擎作用。

（二）生产供给稳定增长，工业服务业支撑有力。农业生产形势较好。2024年，农林牧渔业总产值比上年增长3.8%，其中农业产值增长4.0%，比上年加快0.4个百分点。主要农产品产量稳定增长，粮食产量突破1.4万亿斤；棉花产量616.4万吨，增长9.7%，产量创近十年新高；蔬菜、水果产量分别增长4.0%、4.9%；猪牛羊禽肉产量9663万吨，增长0.2%，连续4年保持增长。**工业增长加快。**2024

年，全部工业增加值405442亿元，比上年增长5.7%，比上年加快1.9个百分点；对经济增长的贡献率为34.1%，比上年提升12.7个百分点。作为工业主体的制造业增加值增长6.0%，加快2.1个百分点。装备制造业“压舱石”作用突出，规模以上装备制造业增加值比上年增长7.7%，拉动规模以上工业增加值增长2.7个百分点。主要工业产品产量稳居世界首位，2024年微型计算机设备、手机、汽车、钢材产量分别达到3.4亿台、16.7亿台、3156万辆、14.0亿吨，制造业第一大国地位更加稳固。**服务业持续增长。**2024年，服务业增加值保持了5%的中高速增长，对经济增长贡献率达56.2%，比第二产业高17.6个百分点。其中，批发和零售业、住宿和餐饮业、交通运输仓储和邮政业、金融业增加值分别增长5.5%、6.4%、7.0%、5.6%。

（三）国内需求总量扩大，对经济增长贡献率近七成。市场销售规模扩大。2024年，社会消费品零售总额487895亿元，比上年增长3.5%。其中，商品零售额增长3.2%，餐饮收入增长5.3%。限额以上单位18个商品类别中，有12类商品零售额增长，占66.7%。**服务消费增长较快。**2024年，服务零售额比上年增长6.2%，高于商品零售额增速3.0个百分点；居民人均服务性消费支出名义增长7.4%，占居民人均消费支出比重为46.1%，比上年提高0.9个百分点。**投资关键性作用持续发挥。**2024年，固定资产投资（不含农户）514374亿元，比上年增长3.2%，比上年加快0.2个百分点；其中制造业投资增长9.2%，加快2.7个百分点。扣除价格因素，固定资产投资实际增长4.8%。大项目投资带动有力，计划总投资亿元及以上项目完成投资比上年增长7.0%，拉动全部投资增长3.8个百分点。**内需主动力作用仍然明显。**2024年，内需对经济增长贡献率为69.7%，其中最终消费支出贡献率为44.5%，拉动经济增长2.2个百分点。

（四）就业形势总体稳定，居民消费价格基本平稳。城镇调查失业率下降。2024年，全国城镇调查失业率均值为5.1%，比上年下降

0.1个百分点；31个大城市城镇调查失业率均值为5.1%，下降0.3个百分点。农民工就业形势改善，2024年外来农业户籍劳动力城镇调查失业率均值为4.6%，比上年下降0.3个百分点；农民工总量29973万人，比上年增加220万人，增长0.7%。**居民消费价格小幅上涨。**2024年，CPI比上年上涨0.2%，涨幅与上年持平，其中食品、能源价格分别下降0.6%、0.1%，影响CPI下降0.12个百分点。核心CPI基本平稳，扣除食品和能源的核心CPI比上年上涨0.5%，其中服务价格上涨0.7%。

(五)对外贸易增长加快，国际收支保持平衡。货物进出口规模创新高。2024年，货物进出口总额达438468亿元，比上年增长5.0%，比上年加快4.8个百分点。其中，出口额增长7.1%，加快6.5个百分点；进口额增长2.3%，上年为下降0.3%；贸易顺差扩大22.2%。初步测算，我国货物出口国际市场份额稳中有增，预计达14.8%，有望连续8年保持全球货物贸易第一大国地位。**服务贸易持续活跃。**1—11月份，服务贸易进出口总额67278亿元，同比增长14.2%，比上年同期加快5.2个百分点；其中出口额增长17.2%，进口额增长12.2%。**外汇外储总体稳定。**2024年，人民币兑美元平均汇率为7.1217元/美元，比上年小幅贬值1.1%；年末外汇储备余额32024亿美元，保持在3.2万亿美元以上。

(六)宏观政策组合效应显现，四季度主要指标明显加快。面对二、三季度经济出现的下行态势，党中央果断实施宏观调控，9月底以来一揽子组合政策陆续出台，有效带动四季度经济明显回升。四季度，GDP同比增速比三季度加快0.8个百分点，剔除季节因素环比增长1.6%，加快0.3个百分点，增速为近7个季度以来新高；规模以上工业增加值、服务业增加值、社会消费品零售总额、货物出口额同比分别增长5.7%、5.8%、3.8%、9.2%，比三季度加快0.7、1.0、1.1、3.9个百分点。**“两新”“两重”政策效应加快释放。**从需求端看，四季度限额以上单位家用电器和音像器材类、汽车类、文化办公用品类、家具类商品零售额同比分别增长32.6%、3.3%、6.0%、9.0%，均比三季度明显加快，合计拉动社会消费品零售总额增长约1.1个百分点；2024年，设备工器具购置投资比上年增长15.7%，对全部投资增长的贡献率为67.6%。从生产端看，2024年农产品加工专用设备、挖掘铲土运输机械、包装专用设备产量分别增长40.9%、17.3%、24.5%，比前三季度加快6.3、3.2、12.7个百分点；房间空气调节器、家用洗衣机、家用电冰箱产量分别增长9.7%、8.8%、8.3%，加快1.7、2.1、0.8个百分点。在生产加快、需求回暖带动下，产能利用和产销衔接状况改善。四季度规模以上工业产能利用率为76.2%，比三季度提高1.1个百分点；12月份规模以上工业产销率升至98.7%的高位水平。**股市楼市交易活跃。**四季度，沪深两市股票成交量、成交金额分别比三季度增长1.1倍、1.6倍；新建商品房销售面积、销售额同比分别增长0.5%、1.0%，而三季度为下降12.7%、17.0%。**12月份主要指标明显改善。**政策效应持续显现，带动生产需求加快、预期信心好转。12月份，规模以上工业增加值、服务业生产指数、社会消费品零售总额、货物进出口总额同比分别增长6.2%、6.5%、3.7%、6.8%，比上月加快0.8、0.4、0.7、5.6个百分点，其中12月份工业增速为下半年以来最高，服务业增速为年内最高水平；制造业采购经理指数(PMI)为50.1%，连续3个月位于扩张区间，非制造业商务活动指数为52.2%，比上月大幅提高2.2个百分点。

二、转型升级持续推进，高质量发展取得新成效

面对转型调整中的压力和困难，各地区各部门坚持对标高质量发展要求，完整准确全面贯彻新发展理念，因地制宜培育新质生产力，有力推进经济转型升级，我国经济在转方式、调结构、提质量中不断塑造新优势。

(一)新质生产力稳步发展。科技创新能力进一步提升。嫦娥六号首次月背采样,自主研制的300兆瓦级F级重型燃气轮机首次点火成功,梦想号探秘大洋,高水平科技自立自强迈出新步伐,我国全球创新指数排名升至第11位。研发投入持续加大,2024年全社会研究与试验发展经费投入达36130亿元,R&D经费投入强度达2.68%,比上年提高0.10个百分点。**产业高端化智能化加快。**2024年,规模以上高技术制造业增加值比上年增长8.9%,其中航空航天器及设备制造业、电子及通信设备制造业分别增长12.1%、11.4%;智能消费设备制造行业增加值增长10.9%。集成电路、光电子器件、工业机器人、服务机器人、虚拟现实设备等高端智能产品产量分别增长22.2%、16.1%、14.2%、15.6%、59.4%。**数字经济蓬勃向上。**2024年,信息传输、软件和信息技术服务业增加值比上年增长10.9%。数字技术赋能零售新业态,带动实物商品网上零售额增长6.5%,占社会消费品零售总额比重升至26.8%。5G、千兆光网等数字基础设施建设稳步推进,"东数西算"首条400G全光省际骨干网正式商用。截至2024年11月末,5G基站数达419万个,比上年末净增81.5万个。

(二)发展协调性持续提升。制造业优化升级。2024年,制造业增加值占GDP比重为24.9%,保持基本稳定;对经济增长贡献率为30.2%,比上年提升11.6个百分点。制造业结构向中高端迈进,规模以上高技术制造业、装备制造业增加值占规模以上工业增加值比重升至16.3%、34.6%,比上年提高0.6、1.0个百分点。**服务业占比提升。**2024年,服务业增加值占GDP比重为56.7%,比上年提高0.4个百分点。**城镇化水平继续提高。**2024年末,常住人口城镇化率为67.00%,比上年末提高0.84个百分点。**城乡区域之间居民收入相对差距缩小。**2024年,城乡居民人均可支配收入之比为2.34,比上年缩小0.05。中部、西部地区居民人均可支配收入分别比上年名义增长5.2%、5.6%,快于东部地区0.2、0.6个百分点。

(三)绿色低碳转型成效明显。绿色产业持续扩容。2024年，我国新能源汽车产量达1317万辆，比上年增长38.7%，成为全球首个新能源汽车年产量超千万辆的国家；太阳能电池、太阳能工业用超白玻璃、生物基化学纤维、多晶硅等绿色产品产量分别增长15.7%、53.5%、44.9%、36.1%。**节能降碳扎实推进。**初步测算，2024年单位GDP能耗继续下降，非化石能源消费量占能源消费总量比重比上年提高1.8个百分点。工业节能降碳积极推进，规模以上工业单位增加值能耗比上年下降。**清洁能源利用加强。**2024年，规模以上工业水电、风电、太阳能发电等清洁能源发电量分别比上年增长10.7%、11.1%、28.2%，明显快于规模以上工业发电量。清洁能源投资较快增长，2024年清洁电力投资比上年增长28.1%，新增可再生能源发电装机容量占全部新增发电装机容量的比重超85%，风电、光伏总装机规模超13亿千瓦，提前6年兑现我国在气候雄心峰会上的承诺。

(四)高水平开放纵深推进。货物贸易结构优化。初步统计，2024年民营企业进出口额占进出口总额比重提升至55.5%；机电产品出口额占出口总额比重为59.4%，比上年提升0.9个百分点。**外贸新动能茁壮成长。**2024年，跨境电商进出口额比上年增长10.8%。据海关总署测算，1—10月份中间品出口国际市场份额比上年提升0.6个百分点，保持全球首位。自主品牌出口创历史新高，占出口总额比重为21.8%，比上年提升0.8个百分点。**高质量共建“一带一路”扎实推进。**2024年，我国对共建“一带一路”国家进出口额比上年增长6.4%，占进出口总额比重升至50.3%，占比首次超过50%；中欧班列年度开行量增长10%，累计开行突破10万列；西部陆海新通道班列年度开行首次突破万列，增长5.1%。**自贸区自贸港建设成效显著。**2024年，自贸试验区、海南自贸港货物进出口额分别比上年增长10.3%、20%，明显快于全部货物进出口额增速。

(五)民生保障扎实有力。居民收入稳定增长。2024年，全国居民人均可支配收入41314元，比上年名义增长5.3%，实际增长5.1%，略高于经济增速。其中，人均工资性收入、经营净收入分别名义增长5.8%、5.6%，是居民增收的主要支撑。**社会兜底保障力度加大。**2024年，全国居民人均转移净收入比上年名义增长5.3%，其中人均社会救济和补助收入、养老金或离退休金收入分别增长9.8%、7.2%。**民生投入较快增长。**2024年，电力热力生产和供应业、住宿和餐饮业、水利管理业投资分别比上年增长29.7%、34.1%、41.7%，均明显快于全部投资。1—11月份，一般公共预算支出中，社会保障和就业支出、城乡社区支出同比分别增长5.9%、6.0%。

（六）安全发展基础巩固夯实。粮食产量创历史新高。2024年，粮食生产克服极端天气等不利影响，实现面积、单产双增长，粮食总产量达14130亿斤，比上年增产222亿斤，产量创历史新高。**能源供应稳定增长。**初步测算，2024年一次能源生产总量比上年增长4.4%。其中，规模以上工业原煤产量47.6亿吨，比上年增长1.3%，产量创历史新高；原油产量2.1亿吨，增长1.8%，连续3年稳产2亿吨以上；天然气产量2464亿立方米，增长6.2%，连续8年增产超100亿立方米；规模以上工业发电量94181亿千瓦时，增长4.6%，有力保障了生产生活用能。**产业链供应链韧性提升。**2024年，制造业技改投资、高技术产业投资均比上年增长8.0%，芯片、航天、医疗等重要领域关键核心技术研发实现新突破，高端装备国产化率继续提高。**此外，**重点领域风险化解有序有效，增加6万亿元地方政府专项债券限额置换存量隐性债务，稳步推进中小金融机构改革化险，守住了不发生系统性风险底线。

三、国内外风险挑战交织，经济持续回升向好基础仍需巩固

尽管四季度经济明显回升，高质量发展扎实推进，但国际环境更趋复杂严峻，世界经济增长动能不足，国内新旧动能转换阵痛持续释

放，有效需求不足、供需矛盾突出，部分企业生产经营困难，就业收入等领域存在隐忧，经济增长内生动能亟待增强。

（一）外部环境变化不利影响加深。2024 年出口快速增长对我国经济稳定运行发挥了积极作用，但今年外部环境更趋复杂严峻，不稳定不确定性陡然上升，对我发展的不利影响加深。**世界经济增长动能不足。**联合国预测 2025 年世界经济增长 2.8%，低于疫情前水平，全球经济正进入新的"低增速常态"。12 月份，全球新出口订单指数为 48.2%，连续 7 个月位于收缩区间；美国、欧元区、日本制造业 PMI 分别为 49.4%、45.1%、49.6%，均位于收缩区间。**贸易保护主义愈演愈烈。**全球产业链供应链加速重构，各国保护性贸易关税和管制措施频出，涉华贸易摩擦进入高强度阶段，我对外贸易环境恶化。1—11 月份，全球涉华贸易救济新增案件同比增长 1.1 倍，占全球比重达 44.9%。

（二）国内需求不足仍较突出。消费内生动力偏弱。市场销售增长乏力，品质类商品和重点地区销售承压。2024 年，社会消费品零售总额同比增速比上年回落 3.7 个百分点，也低于疫情前 8%以上的增速。限额以上 18 个商品类别中，6 个商品类别零售额下降，其中化妆品类、金银珠宝类、建筑及装潢材料类零售额分别下降 1.1%、3.1%、2.0%。就业收入预期不稳导致居民消费能力和意愿不足，是市场销售低迷的重要原因。2024 年，居民人均消费支出实际增长 5.1%，增速比上年大幅回落 3.9 个百分点；居民平均消费倾向为 68.3%，低于疫情前 70%以上的水平。**投资增长后劲不足。**2024 年投资继续"高开低走"，全年投资增速比 3 月份高点回落 1.3 个百分点。企业投资能力和意愿偏弱，新开工项目特别是大项目明显减少，房地产投资大幅收缩，下阶段投资稳定增长难度加大。2024 年，民间投资比上年下降 0.1%，连续 2 年下降；新入库项目计划总投资下降 5.8%；新入库计划总投资亿元及以上项目个数、计划总投资比上年下降。**价格持**

续低位徘徊。在有效需求不足、供需循环不畅的背景下，价格涨幅持续偏低。2024年，CPI涨幅与上年持平，仍为2010年以来最低水平，其中12月份同比仅上涨0.1%，涨幅连续4个月回落；PPI全年下降2.2%，其中12月份下降2.3%，已连续27个月下降。

（三）企业、居民、政府三大主体增收承压。需求不足、价格下滑、循环不畅制约企业、居民、政府收入稳定增长，这反过来又进一步加大内需回升难度。**企业利润连续三年下降。**行业内卷式竞争加剧，产品价格持续下行，而成本费用仍在上升，企业利润空间受到挤压。1—11月份，规模以上工业企业利润总额同比下降4.7%，降幅比1—10月份扩大0.4个百分点，超四成行业利润均在下降，初步预计全年工业企业利润将延续降势，2022年以来连续3年下降。**居民收入增长趋缓。**2024年，全国居民人均可支配收入实际增速比上年回落1.0个百分点。其中，城镇居民收入实际增长4.4%，回落0.4个百分点，尤其是人均财产净收入名义仅增长1.2%；受国内丰收增产、进口增加、消费不旺等影响，主要农牧产品价格持续下行，农村居民第一产业经营净收入增长乏力。**财政增收持续承压。**1—11月份，全国一般公共预算收入同比下降0.6%，其中税收收入下降3.9%；国有土地使用权出让收入下降22.4%。财政收入下滑叠加刚性支出不减，部分地方可用财力不足，基层“三保”等工作困难较多。

（四）企业生产经营困难仍较多。成本压力加大。1—11月份，规模以上工业企业每百元营业收入中的成本为85.34元，同比增加0.37元，为2016年以来同期最高。**资金回笼压力上升。**企业销售回款慢、资金周转难，账款拖欠比较严重，影响正常生产经营。11月末，规模以上工业企业应收账款同比增长8.5%，比10月末上升0.7个百分点；应收账款平均回收期为66.7天，同比增加4.2天。**小微企业困难更为突出。**12月份，制造业小型企业PMI为48.5%，比上月下降0.6个百分点，连续8个月位于收缩区间；反映市场需求不足、资金紧张的小型企业占比分别比全部企业高 3.1、10.9 个百分点。

此外，虽然房地产市场边际好转，但仍处于调整过程中，对经济增长制约明显。2024 年，房地产业增加值下拉经济增长 0.1 个百分点，占 GDP 的比重为 6.3%，比上年下降 0.5 个百分点；房地产开发投资累计下降 10.6%，降幅连续 3 个月扩大。青年人就业压力仍较突出，12 月份不含在校生的 16—24 岁劳动力城镇调查失业率为 15.7%，比上年同期高 0.8 个百分点。

综合来看，2024 年国民经济克服困难、顺利实现全年目标实属不易。外部环境复杂严峻，不稳定不确定难预料因素明显增多，国内供需结构性问题仍在演化，转型调整的阵痛持续释放，重点领域风险隐患有待化解，2025 年一季度经济开局仍面临不少困难挑战。下阶段，要坚持以习近平新时代中国特色社会主义思想为指导，全面贯彻中央经济工作会议精神，坚持稳中求进、以进促稳，守正创新、先立后破，系统集成、协同配合，紧抓经济回升窗口期，把握好一季度关键时点，实施好更加积极有为的宏观政策，推动已确定政策早出台早落地早见效，与各种不确定性抢时间，做好政策跨年度接续和平稳过渡，巩固来之不易的向上向好势头。坚持底线思维，把困难估计得充分一些，针对内外环境可能出现的各种变化提前做好政策预研储备，不断完善政策工具箱，根据形势需要及时出招，以宏观调控的前瞻性、稳定性、持续性和有效性对冲外部环境的不确定性。强化协同联动，放大组合效应，全方位扩大内需、稳定预期、激发活力、化解风险，努力实现增长稳、就业稳和物价合理回升的优化组合，确保 2025 年经济起好步、开好局。

月度报告

Monthly Report

1—2月份国民经济运行情况分析

1—2月份，随着宏观组合政策效应持续释放，经济内生动能继续修复，生产需求不断改善，就业价格总体稳定，发展质量稳步提升，经济运行起步平稳，延续恢复向好态势，总体好于预期。同时也要看到，我国仍处于经济恢复和转型升级的关键期，外部不稳定不确定因素较多，国内结构调整阵痛凸显，有效需求不足、社会预期偏弱、风险隐患较多等问题犹存，经济回升向好的基础还需加固。

一、经济运行稳中有升，积极因素累积增多

各地区各部门按照党中央、国务院决策部署，强化宏观政策逆周期和跨周期调节，推动宏观政策靠前发力、适当加力，前两个月国民经济起步平稳、稳中有升，工业、进出口等指标增长加快，消费价格企稳回升，转型升级扎实推进，新质生产力不断培育，推动经济回升向好的积极因素进一步累积。

(一)农业生产形势稳定，春耕备耕进展顺利。冬小麦长势正常。积极应对年初雨雪冰冻灾害带来的不利影响，加强田间管理，冬小麦长势总体与上年持平。冬小麦主产区遥感长势监测显示，2月下半月，70%的地块长势好于上年同期或相当。**春耕备耕有序推进。**调研

显示，84％的受访农户表示春耕备耕进度与上年基本一致或略有提前，七成左右受访农户反映当前农资价格比上年回落或变化不大。**生猪生产总体稳定。**1—2月份，生猪调出大县猪肉产量同比增长0.2％。养殖亏损有所收窄，生猪产能逐步趋稳。2月末，生猪调出大县能繁母猪存栏环比略增0.3％，连续调减后首次回升。

（二）工业生产加快，高技术制造业增速回升。1—2月份，规模以上工业增加值同比增长7.0％，比上年12月份加快0.2个百分点。**行业和产品增长面扩大，实物量指标较快增长。**1—2月份，41个工业大类行业中，39个行业增加值同比增长，增长面为95.1％，比上年12月份扩大19.5个百分点；统计的597种主要工业产品中，400种产品产量增长，增长面为67.0％，扩大5.8个百分点。从实物量指标看，工业用电量、货运量同比分别增长9.6％、7.5％。**多数地区实现增长，经济大省发挥挑大梁作用。**1—2月份，31个地区中，29个地区规模以上工业增加值同比实现增长。其中，广东、江苏、浙江、山东规模以上工业增加值分别增长10.6％、9.6％、11.4％、9.4％，合计拉动全国规模以上工业增长3.3个百分点，贡献率达46.9％。**高技术制造业增长加快。**1—2月份，规模以上高技术制造业增加值同比增长7.5％，比上年12月份加快1.1个百分点；其中电子及通信设备制造业、航空航天器及设备制造业增加值分别增长12.6％、14.1％。**智能化绿色化产品蓬勃发展。**1—2月份，服务机器人、3D打印设备等智能产品产量同比分别增长22.2％、49.5％；新能源汽车、充电桩、太阳能工业用超白玻璃等绿色低碳产品产量分别增长25.6％、41.8％、89.8％。**消费品制造业回升幅度较大。**1—2月份，规模以上消费品制造业增加值同比增长4.7％，比上年12月份加快4.4个百分点；13个消费品行业中，12个行业增速回升。

（三）服务业增势良好，与假日出行和消费相关行业较为活跃。1—2月份，服务业生产指数同比增长5.8％。其中，住宿和餐饮业、交通运输仓储和邮政业、批发和零售业生产指数分别增长12.1%、7.1%、7.0%。人员流动加快，营业性客运量同比增长27.4%；春运期间全社会跨区域人员流动量达84.2亿人次，创历史同期新高。**现代服务业发展向好。**1—2月份，金融业、信息传输软件和信息技术服务业生产指数同比分别增长8.2%、10.4%，分别快于服务业生产指数2.4、4.6个百分点。**服务业景气度回升。**2月份，服务业商务活动指数为51.0%，比上月上升0.9个百分点，连续2个月回升；其中业务活动预期指数为58.1%，持续位于较高景气区间。

（四）市场销售继续恢复，服务消费潜力释放。1—2月份，社会消费品零售总额81307亿元，同比增长5.5%。其中，商品零售额增长4.6%，餐饮收入增长12.5%。**假日经济提振服务消费。**各地积极创新消费场景，打造文娱旅游等新消费增长点，服务消费持续升温。1—2月份，服务零售额同比增长12.3%，快于商品零售额7.7个百分点；其中交通出行服务类、文体休闲服务类零售额增速较快。春节假期，全国营业性演出场次、票房收入同比分别增长52.1%、80.1%，国内出游人次、出游总花费分别增长34.3%、47.3%。**升级类商品消费不断扩容。**1—2月份，限额以上通讯器材类、体育娱乐用品类商品零售额同比分别增长16.2%、11.3%。**新消费业态较快增长。**直播带货、即时配送等新零售快速发展，带动网络购物较快增长。1—2月份，实物商品网上零售额同比增长14.4%，比上年全年加快6.0个百分点，占社会消费品零售总额比重为22.4%。

（五）投资增速有所回升，制造业投资保持较快增长。1—2月份，固定资产投资（不含农户）50847亿元，同比增长4.2%，比上年全年加快1.2个百分点。其中，制造业投资、基础设施投资分别增长9.4%、6.3%，分别加快2.9、0.4个百分点。**大项目带动作用明显。**1—2月份，计划总投资亿元及以上项目完成投资同比增长12.1%，拉动全部投资增长5.9个百分点。**新动能领域投资较快增长。**1—2月份，高技术产业投资同比增长9.4%，制造业技术改造投资增长15.1%，明显快于全部投资增速。**民生补短板投资持续增加。**1—2月份，电力热力生产和供应业、水利管理业投资分别增长32.7%、13.7%。

(六)就业形势总体稳定，消费价格企稳回升。城镇调查失业率保持平稳。1—2月份，全国城镇调查失业率均值为5.3%，1、2月份分别为5.2%、5.3%，环比有所上升主要是春节因素影响，符合季节性变化规律，与上年同期相比均下降0.3个百分点。大城市就业形势总体改善。1、2月份，31个大城市城镇调查失业率分别为4.9%、5.1%，分别比上年同期低0.9、0.6个百分点。**居民消费价格由降转涨。**2月份，春节假期带动食品和服务消费需求增加，加之部分地区雨雪天气影响供给、国际油价上行等因素，居民消费价格(CPI)同比由上月下降0.8%转为上涨0.7%；环比上涨1.0%，涨幅比上月扩大0.7个百分点，连续3个月上涨。核心CPI回升明显。2月份，扣除食品和能源的核心CPI同比上涨1.2%，涨幅比上月扩大0.8个百分点，为2022年2月份以来最高涨幅。1—2月份，居民消费价格同比持平，扣除食品和能源的核心CPI上涨0.8%。

(七)货物贸易量增质升，国际收支基本平衡。1—2月份，货物进出口总额66138亿元，同比增长8.7%，比上年12月份加快5.9个百分点，规模创历史同期新高。其中，出口增长10.3%，进口增长6.7%；货物进出口顺差扩大23.6%。**对主要贸易伙伴进出口实现增长。**1—2月份，我国对东盟、美国、韩国进出口额同比分别增长8.1%、3.7%、2.9%，对共建"一带一路"国家进出口额增长9.0%。**机电和劳密产品出口较快增长。**1—2月份，我国机电产品出口同比增长11.8%，其中汽车增长15.8%；劳密产品出口增长22.2%，其中纺织品、塑料制品分别增长18.9%、26.5%。**贸易结构继续优化。**1—2月份，一般贸易进出口额占进出口总额比重为65.7%，同比提高0.8个百分点；民营企业进出口额占进出口总额比重为54.6%，提高

4.2个百分点。**外汇外储基本稳定。**2月末，外汇储备余额32258亿美元，比上月末增加65亿美元；人民币兑美元汇率中间价为7.1036元/美元，与上月末基本持平。

1—2月份经济运行稳中有升，既是宏观政策靠前发力、经济运行持续恢复的结果，也有外部需求有所回升、部分企业提前排产的影响，还有一些指标同期基数较低的因素。**一是**各地区各部门加大政策实施力度，前期组合式宏观政策持续发力，特别国债项目全部落实，专项债券加快发行使用，重大项目密集开工，为经济稳定运行提供了有力支撑。1—2月份，累计发行新增专项债4034亿元。**二是**在外需有所回暖、稳外贸政策持续发力等因素作用下，出口带动作用增强。1—2月份，规模以上工业出口交货值由上年12月份同比下降3.2%转为增长0.4%；其中消费品制造业出口交货值由下降1.1%转为增长4.0%，是带动消费品制造业回暖的重要因素。**三是**春节前后多地企业提前排产、连续生产，各地加强返岗复工服务保障，也带动工业生产较快增长。1—2月份，烟草制品业排产靠前，带动增加值由上年12月份同比下降8.0%转为增长4.6%，拉动规模以上工业增加值增速加快0.47个百分点。**四是**上年初部分地区仍处在疫情转段过程中，正常生产生活秩序尚未完全恢复，工业、消费等指标基数相对较低。

二、内外挑战交织叠加，向好基础仍不稳固

前两个月部分指标出现积极变化，有一些短期因素的影响，可持续性有待观察。往前看，世界经济增长前景仍面临较大不确定性，国内有效需求不足、社会预期偏弱、风险隐患较多等问题仍较突出，有些问题还在继续深化，经济恢复和风险化解还需要一个过程，一些指标增速仍处在低位，表明经济内生动能仍然偏弱，回升向好基础还需加力巩固。

(一)有效需求仍显不足。从投资看，尽管投资增速比上年全年有所回升，但要看到，4.2%的增速是除2020年以外的历史同期低点，比2019年同期低1.9个百分点。近年来，投资增速基本呈高开低走态势，目前地方项目资金紧张，民间投资增长乏力，计划总投资、到位资金等先行指标表现低迷，投资增长后劲明显不足。1—2月份，民间投资同比仅增长0.4%；新开工项目计划总投资、本年实际到位资金分别下降19.8%、6.2%，降幅比上年全年扩大2.2、4.8个百分点。**从消费看，**尽管节日效应带动各地客流量显著增加，但受就业和收入预期偏弱影响，居民扩大消费能力不足、意愿不强，商贸企业普遍反映客单价下降，消费增长受到制约。从增长水平看，社会消费品零售总额5.5%的增速是除2020年和2023年以外的历史同期低点，比2019年同期低2.7个百分点。大宗商品消费不振，汽车、居住类消费回升有低基数因素，两年平均增速仍然较低。1—2月份，限额以上单位家用电器和音像器材类、建筑及装潢材料类商品零售额两年平均分别仅增长1.8%、0.6%，明显低于全部商品零售额增速；汽车类商品零售额两年平均下降0.8%。

(二)房地产市场持续调整。房屋新开工和在建规模收缩。1—2月份，房地产开发投资同比下降9.0%，自2022年4月以来持续下降；房屋新开工面积、施工面积分别下降29.7%、11.0%，降幅比上年全年扩大9.3、3.8个百分点。**商品房销售量价齐跌。**1—2月份，新建商品房销售面积、销售额同比分别下降20.5%、29.3%，降幅比上年全年扩大12.0、22.8个百分点。2月份，70个大中城市中，一线、二线、三线城市新建商品住宅销售价格同比分别下降1.0%、1.1%、2.7%，二手住宅销售价格分别下降6.3%、5.1%、5.1%。**此外，**房地产企业资金仍较紧张，三四线城市房地产去库存压力较大，土地出让收入持续下降影响地方可用财力，房地产市场调整影响恐将延续。1—2月份，房地产企业本年实际到位资金同比下降24.1%，降幅比上年全年扩大 10.5 个百分点。

(三)企业经营压力仍然较大。账款拖欠问题突出。销售回款不畅,应收账款占比高、周期长。2023 年末,规模以上工业企业应收账款占流动资产比重为 27.6%,为 2020 年以来年度最高水平;应收账款平均回收期达 60.6 天,处于 2015 年以来年度高位。**产销衔接水平下降。**受生产较快增长、需求较为疲弱影响,1—2 月份规模以上工业企业产品销售率为 96.0%,比上年 12 月份下降 2.4 个百分点;41 个工业大类行业中,有 31 个行业产销率下降。**制造业企业预期仍然偏弱。**2 月份,制造业采购经理指数(PMI)为 49.1%,比上月下降 0.1 个百分点,连续 5 个月位于荣枯线以下;其中小型企业 PMI 为 46.4%,下降 0.8 个百分点。**企业市场竞争加剧。**受市场需求不足等影响,企业竞争更趋激烈,光伏、锂电、新能源汽车等一些新兴行业存在重复布局和内卷式竞争,产能过剩问题有所显现,产品价格持续走低。2 月份,工业生产者出厂价格(PPI)同比下降 2.7%,连续 17 个月下降;CPI 中新能源小汽车价格环比下降 0.2%,同比下降 5.6%。调研中有光伏企业反映,行业阶段性供需失衡,产品量增价跌,利润大幅下滑,企业增收不增利。

(四)就业结构性矛盾依然突出。青年失业率仍处高位。2 月份,全国城镇 16—24 岁人员(不含在校生)调查失业率为 15.3%,环比上升 0.7 个百分点,同比上升 0.9 个百分点。近年来我国高校毕业生规模不断走高,今年将达 1179 万人,再创历史新高,青年就业压力持续较大。**招工难和技工荒问题突出。**部分制造业岗位与新生代劳动力就业预期存在差距,年轻一线工人和技术研发人才存在缺口。2 月中下旬对近 3000 家制造业企业调查显示,近四成企业反映存在用工缺口。

(五)外部不稳定不确定因素较多。世界经济增长前景充满不确定性。尽管近期主要经济体制造业景气水平有所改善,但多数发达经济体政策利率维持高位，核心通胀粘性较强，加上债务规模持续攀升，经济扩张较疫情前明显放缓。经合组织最新预测，2024年全球经济增长2.9%，比上年放缓0.2个百分点。**贸易限制和摩擦增多。**部分发达国家推行“友岸外包”“供应链多元化”，多国收紧跨境电商政策，我出口稳定增长压力仍然较大。2023年，涉华贸易摩擦案件数占全球的38.7%。2023年下半年以来，“新三样”产品出口增速逐步回落，今年前两个月同比下降9.7%。**此外，**地缘政治冲突复杂演变，全球“超级大选年”蕴藏变数，对我外溢影响需要持续关注。

三、保持定力狠抓落实，巩固经济回升向好基础

综合来看，当前经济运行稳中有升，部分领域出现一些积极变化，但内外环境复杂多变，不稳定不确定因素较多，经济持续回升动能不强、基础不牢，加上1—2月份主要指标在全年所占比重较小，后期走势还需进一步观察。下阶段，要全面贯彻落实中央经济工作会议和全国“两会”精神，按照党中央、国务院决策部署，聚焦经济建设这一中心工作和高质量发展这一首要任务，坚定发展信心，保持战略定力，坚持稳中求进、以进促稳、先立后破，加大宏观调控力度，加快政策落实落地，切实增强经济活力、防范化解风险、改善社会预期，不断巩固和增强经济回升向好态势，努力实现质的有效提升和量的合理增长。

一是强化政策执行，有效发挥政策合力。去年下半年以来，系统谋划出台了一系列政策措施，有些政策成效还有待进一步释放。要狠抓已出台政策落实落地，完善各项配套措施，发挥“高效办成一件事”机制作用，最大程度释放政策成效。要加快推动重点项目开工落地，及早形成实物工作量和投资拉动量。用好宏观政策取向一致性评估机制，提升政策效能，放大组合效应。做好督促检查，加强日常调度。

二是抢抓时间窗口，加快出台已定政策。《政府工作报告》明确了全年经济社会发展目标任务，关键在于抓好落实。一季度是推动全年工作的重要窗口期，要锚定全年目标任务，实干为先、只争朝夕，按照重点工作分工方案，已经成熟的政策早出快出、应出尽出，既定工作能往前赶的尽量往前赶，加快把党中央、国务院决策部署转化为推动高质量发展的新成效。以大规模设备更新和消费品以旧换新为例，要抓紧出台政策支持细则，尽快释放有效需求潜力。

三是突出问题导向，根据形势变化适时加力。前两个月我国经济起步平稳，但制约经济回升向好的因素依然客观存在，要采取措施有针对性地加以解决，特别是要加力扩内需、提信心、防风险，固本培元增强经济内生动力。从增加收入、优化供给、减少限制性措施等方面综合施策激发消费潜能，增强政府投资带动放大效应，着力稳定和扩大民间投资。更加注重回应经营主体突出关切，努力营造稳定透明可预期的政策环境。继续优化房地产政策，更好支持房地产企业合理融资需求。强化政策预研储备，打好提前量、留出冗余度，有需要及时推出。

4月份国民经济运行情况分析

4月份，工业、进出口增速有所加快，服务业、消费、投资受假日错月、雨涝灾害以及高基数等因素影响有所放缓，就业物价总体改善，企业预期保持在景气区间，高质量发展稳步推进，经济运行总体稳定、延续回升向好态势。同时也要看到，外部环境复杂性、严峻性、不确定性明显上升，国内有效需求不足、企业经营压力较大、风险隐患较多等问题犹存，国内大循环不够顺畅，回升向好的基础还需加固。

一、经济运行总体平稳

(一)工业生产增长加快。 4月份，规模以上工业增加值同比增长6.7%，比上月加快2.2个百分点；环比增长0.97%。三大门类增速均回升，采矿业、制造业、电力热力燃气及水生产和供应业增加值分别增长2.0%、7.5%、5.8%，比上月加快1.8、2.4、0.9个百分点。**超八成行业和近六成产品增速回升。** 4月份，41个工业大类行业中，33个行业增加值同比增速比上月回升，回升面达80.5%；统计的619种主要工业产品中，363种产品产量增速回升，回升面达58.6%。**工业品出口带动作用明显。** 受外需回暖等因素影响，工业出口交货值继续回升，带动电子、纺织等出口占比较高的行业恢复向好，是工业生产加快的重要原因。4 月份，规模以上工业出口交货值同比增长 7.3%，比上月加快 5.9 个百分点。**经济大省支撑有力。**4 月份，31 个地区中，21 个地区工业增加值同比增速回升；广东、江苏、浙江、山东规模以上工业增加值分别增长 9.3%、9.2%、8.9%、7.6%，合计对全国规模以上工业增长贡献率达 47.1%，拉动规模以上工业增长 3.2 个百分点。**装备制造业回升幅度较大。**4 月份，规模以上装备制造业增加值同比增长 9.9%，比上月加快 3.9 个百分点，拉动规模以上工业加快 1.3 个百分点；其中汽车制造业、计算机通信和其他电子设备制造业增加值分别增长 16.3%、15.6%。**从相关指标看，**4 月份，货运量、港口货物吞吐量同比分别增长 3.5%、2.7%；制造业采购经理指数（PMI）为 50.4%，连续 2 个月位于景气区间。1—4 月份，规模以上工业增加值同比增长 6.3%。

（二）服务业持续恢复。4 月份，服务业生产指数同比增长 3.5%，比上月回落 1.5 个百分点。初步分析，去年"五一"假期有两天安排在 4 月份，今年则全部在 5 月份，即今年 4 月份节假日同比少两天，假日错月对旅游出行、住宿餐饮以及电信服务等行业影响较大。分行业看，交通运输仓储和邮政业、租赁和商务服务业、金融业、信息传输软件和信息技术服务业生产指数同比分别增长 4.3%、6.1%、5.4%、10.8%，快于服务业生产指数 0.8、2.6、1.9、7.3 个百分点。从相关指标看，营业性客运量、旅客周转量同比分别增长 7.1%、10.6%，保持较快增长。1—4 月份，服务业生产指数同比增长 5.0%。**服务业发展预期向好。**4 月份，服务业商务活动指数为 50.3%，连续 4 个月位于景气区间；在调查的 21 个行业中有 15 个商务活动指数高于临界点，比上月增加 3 个，服务业景气面有所扩大。从市场预期看，服务业业务活动预期指数为 57.4%，保持在较高景气水平。

（三）投资规模继续扩大。1—4 月份，固定资产投资（不含农户）143401 亿元，同比增长 4.2%。南方部分地区雨涝灾害影响项目施工进度，其中广东、四川投资分别增长0.4%、1.6%，均比1—3月份回落3.6个百分点。**制造业投资稳定增长。**1—4月份，制造业投资同比增长9.7%；其中，制造业技术改造投资增长8.5%，高技术制造业投资增长9.7%。**设备更新投资较快增长。**1—4月份，设备工器具购置投资同比增长17.2%，快于全部投资13.0个百分点，拉动全部投资增长2.2个百分点。**大项目支撑有力。**1—4月份，计划总投资亿元及以上项目完成投资同比增长10.0%，快于全部投资5.8个百分点，拉动全部投资增长5.3个百分点。

（四）市场销售保持增长。4月份，社会消费品零售总额35699亿元，同比增长2.3%，比上月回落0.8个百分点；环比增长0.03%。初步分析，去年"五一"假期有两天安排在4月份，今年则全部在5月份，假日错月对去年4月份餐饮、百货商超等销售带动明显，带来高基数效应。去年4月份社会消费品零售总额同比增长18.4%、环比增长1.06%，均为全年高点，1—4月份，社会消费品零售总额同比增长4.1%。**基本生活类和部分升级类商品消费稳定增长。**4月份，限额以上单位商品零售额中，粮油食品类、饮料类、日用品类商品零售额同比分别增长8.5%、6.4%、4.4%；通讯器材类、体育娱乐用品类商品零售额分别增长13.3%、12.7%。**服务消费增势良好。**1—4月份，服务零售额同比增长8.4%，其中交通出行服务类、旅游咨询租赁服务类、文体休闲服务类零售额保持较快增速。据文化和旅游部测算，清明假期国内出游人次、出游总花费按可比口径分别比2019年同期增长11.5%、12.7%。

（五）就业物价总体改善。调查失业率继续下降。4月份，全国城镇调查失业率为5.0%，比上月下降0.2个百分点，连续2个月下降。1—4月份，全国城镇调查失业率均值为5.2%，比上年同期下降0.2个百分点。农民工失业率下降。4月份，外来农业户籍劳动力城镇调查失业率为4.5%，分别比上月和上年同期下降0.5、0.6个百分点。

青年人失业率有所回落。4月份，16—24岁劳动力（不含在校生）城镇调查失业率为14.7%，比上月下降0.6个百分点。**居民消费价格同比涨幅扩大。**4月份，居民消费价格（CPI）同比上涨0.3%，涨幅比上月扩大0.2个百分点；环比由上月下降1.0%转为上涨0.1%。其中，食品价格同比下降2.7%，工业消费品价格上涨1.1%，服务价格上涨0.8%。核心CPI涨幅扩大。4月份，扣除食品和能源的核心CPI同比上涨0.7%，涨幅比上月扩大0.1个百分点。1—4月份，CPI同比上涨0.1%，核心CPI上涨0.7%。

（六）货物贸易量增质升。4月份，货物进出口总额36389亿元，增速同比由上月下降转为增长8.0%。其中，出口额增长5.1%，进口额增长12.2%。1—4月份，货物进出口总额138053亿元，规模创历史同期新高，同比增长5.7%。**对欧美等传统市场进出口回稳。**4月份，我国对欧盟、美国、日本、韩国进出口额同比分别增长3.2%、6.3%、0.6%、11.8%，均比上月明显改善。**重点产品出口优势巩固。**1—4月份，机电产品出口额同比增长6.9%，其中集成电路、汽车（包括底盘）、船舶出口额分别增长23.5%、24.9%、108.4%；劳密产品出口额增长6.9%。**贸易结构持续优化。**1—4月份，我国对共建"一带一路"国家进出口额同比增长6.4%，占进出口总额的47.4%，同比提高0.3个百分点；民营企业进出口额增长10.7%，占进出口总额的54.6%，提高2.5个百分点。

（七）高质量发展取得新进展。重大科技成果不断涌现。神舟十八号载人飞船成功发射，探月工程嫦娥六号任务正式启航，我国量子云算力集群综合指标进入国际第一梯队，人工智能、量子计算、脑机接口等领域实现新突破，高质量发展动能更加充沛。**高端制造加快增长。**4月份，规模以上高技术制造业增加值同比增长11.3%，比上月加快3.7个百分点；其中半导体器件专用设备制造、通信终端设备制造、集成电路制造等行业增加值分别增长23.2%、22.6%、18.3%。

工业结构持续升级。1—4月份，规模以上装备制造业、高技术制造业增加值占全部规模以上工业比重分别为32.4%、15.4%，今年以来占比持续提升。**数字经济蓬勃发展。**4月份，规模以上智能无人飞行器制造、智能车载设备制造等行业增加值分别增长39.9%、39.7%。即时零售、直播带货等新型消费快速发展，1—4月份实物商品网上零售额同比增长11.1%，占社会消费品零售总额比重为23.9%。**绿色转型扎实推进。**4月份，新能源汽车、充电桩、太阳能电池等新能源产品产量同比分别增长39.2%、12.0%、11.1%；规模以上工业水力、核能、太阳能发电量分别增长21.0%、5.9%、21.4%，明显快于全部发电量。1—4月份，规模以上工业能源消费量增速低于工业增加值增速。**民生领域投入加大。**1—4月份，教育、体育、水利管理业投资同比分别增长7.7%、12.7%、16.1%。

二、推动经济持续回升向好面临不少困难挑战

尽管4月份部分指标回落有假日错月等非经济因素影响，但要看到消费和服务业等指标低位徘徊、恢复势头放缓，加之国内有效需求不足制约经济循环畅通，恢复不均衡现象进一步凸显，企业经营压力较大，房地产调整阵痛持续显现，经济持续回升向好基础不牢、动能有待加强。4月份，社会消费品零售总额、服务业生产指数同比增速分别比上月回落0.8、1.5个百分点，连续2个月回落。

（一）国内有效需求仍然不足。消费恢复持续承压。4月份社会消费品零售总额同比增速为2023年疫情防控平稳转段以来的新低，虽有节假日天数同比少两天等因素影响，但也反映出居民消费意愿和能力不强，大宗商品消费低迷，消费恢复制约仍多。4月份，商品零售额同比仅增长2.0%，比上月回落0.7个百分点；限额以上单位18个商品类别中有11类商品零售额增速回落。受车市价格战、促销政策尚不明确等因素影响，消费者观望气氛较浓，汽车零售降幅扩大。

4 月份,限额以上单位汽车类商品零售额同比下降 5.6%,降幅比上月扩大 1.9 个百分点,下拉社会消费品零售总额 0.2 个百分点。房地产销售持续下行,居住类消费增长乏力。4 月份,限额以上单位家用电器和音像器材类商品零售额同比增长 4.5%,比上月回落 1.3 个百分点;建筑及装潢材料类商品零售额下降 4.5%,上月为增长 2.8%。消费者信心走弱。4 月份,消费者信心指数为 88.2,比上月低 1.2 点;其中体现消费者当前消费能力及意愿的满意指数为 85.8,比上月低 1.0 点。**投资增势减缓。**受部分地方项目和资金不足制约,1—4 月份基础设施投资同比增长 6.0%,比 1—3 月份回落 0.5 个百分点,其中公共设施管理业投资下降 4.5%,降幅扩大 2.1 个百分点;道路运输业投资增速回落 2.9 个百分点。民间投资同比增长 0.3%,比 1—3 月份回落 0.2 个百分点。新开工项目、到位资金等先行指标仍在持续下降,投资增长后劲不足。1—4 月份,新开工项目计划总投资、本年实际到位资金同比分别下降 14.2%、5.4%。

(二)企业经营压力较大。成本上升价格下降挤压盈利空间。1—3 月份,规模以上工业企业每百元营业收入中的成本为 85.18 元,同比增加 0.16 元。与此同时,受工业品出厂价格持续下降等影响,3 月份规模以上工业企业营业收入利润率低于上年同期 0.12 个百分点。**"两金"占用升至高点。**3 月末,规模以上工业企业"两金"占流动资产的比重升至近 5 年同期最高水平。其中,产成品存货占用资金规模同比增长 2.5%,增速连续 3 个月加快;应收账款占用资金规模增长 8.2%,快于营业收入增速 9.4 个百分点。**小微企业经营压力更大。**采购经理调查显示,4 月份小型企业中反映市场需求不足、资金紧张的企业占比明显高于大中型企业。

(三)经济恢复不平衡状况有所加剧。4 月份,不同领域恢复进程分化态势凸显,工业和出口增长加快,服务业和消费、投资恢复放缓,循环不畅矛盾更趋突出。**需求恢复弱于生产。**生产供给较快增长,但需求恢复相对较慢，市场价格低位运行，有效需求不足问题仍然突出。4月份，工业生产者出厂价格同比下降2.5%，连续19个月下降；环比下降0.2%，降幅比上月扩大0.1个百分点。CPI同比涨幅处于低位。**内需恢复弱于外需。**在全球经济温和复苏、美欧补库需求等影响下，外需有所好转，带动出口增速转正，表现好于内需。1—4月份，货物出口额同比增长4.9%，增速快于固定资产投资、社会消费品零售总额0.7、0.8个百分点。从环比看，4月份固定资产投资下降0.03%，社会消费品零售总额增长0.03%，较上月明显放缓。**服务业恢复弱于工业。**受房地产下行、部分领域消费需求偏弱等因素影响，服务业恢复动能减弱。4月份，服务业生产指数同比增速低于规模以上工业增加值3.2个百分点。其中，房地产业生产指数下降6.8%，自上年6月以来持续下降；批发和零售业生产指数仅增长3.5%，比上月回落1.0个百分点。

（四）房地产市场持续低迷。房地产开发仍在收缩。1—4月份，房地产开发投资同比下降9.8%，降幅比1—3月份扩大0.3个百分点；房屋新开工面积、施工面积分别下降24.6%、10.8%。**商品房销售降幅较大。**1—4月份，新建商品房销售面积、销售额同比分别下降20.2%、28.3%，降幅扩大0.8、0.7个百分点。**房地产企业资金仍较紧张。**1—4月份，房地产开发企业本年实际到位资金同比下降24.9%，其中定金及预收款、个人按揭贷款分别下降37.2%、39.7%。**房地产关联行业经营承压。**4月份，钢材、水泥、水泥专用设备产量同比分别下降1.6%、8.6%、31.8%。1—3月份，黑色金属冶炼和压延加工业由上年全年盈利转为亏损，非金属矿物制品业利润总额同比下降54.2%。

（五）外部不确定因素增多。地缘政治冲突加剧国际大宗商品价格波动。近期，巴以冲突仍在持续，乌克兰危机趋于持久升温，全球地缘政治冲突结构化、整体化、长期化趋势明显，国际大宗商品价格震荡上行，4月份国际能源、农产品、金属和矿物价格指数环比分别上涨5.2%、4.1%、8.9%，均连续上涨。**主要经济体货币政策转向预期不稳。**近期美国等国家通胀回升，叠加地缘政治紧张局势升级加剧航运和大宗商品价格波动，IMF将2024年全球通胀预测值上调0.1个百分点至5.9%。受通胀下降速度未达预期等因素影响，美欧等主要经济体货币政策转向或有所延后，高利率政策外溢影响仍在延续，金融市场重新定价和资产价格波动加剧，部分新兴和发展中经济体汇率和债务持续承压，对我影响需要高度关注。

三、加力巩固和增强经济回升向好态势

综合来看，4月份国民经济运行总体平稳，但外部压力和内部挑战交织，周期性和结构性问题叠加，部分领域恢复势头放缓，后期走势有待进一步观察。国内经济恢复、结构调整和风险化解还需要一个过程，在这个过程中，要把困难挑战估计得更充分一些，下好先手棋，争取主动权。下阶段，要全面贯彻落实中央政治局会议精神，坚持稳中求进、以进促稳、先立后破，靠前发力有效落实已经确定的宏观政策，统筹稳增长、增后劲、防风险等各项工作，着力扩大国内需求，着力畅通经济循环，着力防范化解风险，切实巩固和增强经济回升向好态势，推动经济实现质的有效提升和量的合理增长。

一是加固"稳"的基础，加大宏观政策实施力度。锚定全年目标任务，加快推动既定政策落地见效，完善政策配套举措和实施细则，尽早形成实物工作量。针对大规模设备更新和消费品以旧换新政策，要引导各地加大政策创新和财政投入，缩短市场观望期，加快释放内需潜力。创新消费场景，更好满足文娱旅游、体育赛事等服务消费需求。加强政策预研储备，适时加大政策实施力度，保持政策连续性稳定性。做好宏观政策取向一致性评估，加强预期管理。发挥"高效办成一件事"机制作用，提升宏观政策向微观传导实效。

二是加大“进”的力度，因地制宜发展新质生产力。加强国家战略科技力量布局和关键核心技术攻关，加大颠覆性技术和前沿技术创新支持力度，推动科技创新和产业创新深度融合。培育壮大新兴产业，超前布局建设未来产业，深入推进数字经济创新发展。运用先进技术赋能传统产业转型升级，加大“智改数转网联”改造支持力度。推动先进制造业与现代服务业深度融合，催生新业态新模式加快发展。

三是加快“立”的步伐，深化改革开放和持续防范化解风险。加快全国统一大市场建设，健全市场经济基础制度，提高各类资源要素利用效率。积极扩大中间品贸易、服务贸易、数字贸易、跨境电商出口，优化跨境结算、汇率风险管理等金融服务，支持民营企业开拓国外市场，更大力度吸引和利用外资。切实做好保交房工作，统筹研究消化存量房产和优化增量住房的政策措施，抓紧构建房地产发展新模式，促进房地产高质量发展。深入实施地方政府债务风险化解方案，完善地方政府债务监管体系，统筹好债务压降与稳定发展。

5月份国民经济运行情况分析

5月份，在宏观政策效应持续释放、外需继续回暖、"五一"假期等因素带动下，服务业、消费、进出口有所回升，工业生产保持较快增长，就业物价形势稳定，新质生产力加快培育，国民经济延续回升向好态势，运行总体平稳。但外部环境复杂严峻，国内有效需求不足制约明显，企业经营压力较大，重点领域风险隐患犹存，二季度以来经济下行压力有所显现，巩固经济回升向好态势仍需进一步增动力添活力。

一、经济运行总体平稳

(一)农业生产形势稳定，夏粮有望再获丰收。麦收进展总体顺利。据农业农村部农情调度显示，截至6月12日，全国麦收已过八成。夏粮面积总体稳定，加上大部分麦区光温水匹配较好，灾害发生偏轻，预计夏粮将实现增产。**早稻长势总体正常。**截至目前，全国春播已结束，早稻播种面积预计稳中略增。遥感长势监测显示，5月下半月，71%的早稻地块长势好于上年同期或相当。**生猪生产总体平稳。**5月份，生猪调出大县合计猪肉产量258万吨，同比增长1.7%，环比增长1.8%。养殖收益趋于好转，生猪产能有所恢复。5月末，生猪调出大县能繁母猪存栏环比略增0.5%，连续4个月增加。

（二）工业生产较快增长，装备工业带动作用明显。5月份，规模以上工业增加值同比增长5.6%，其中采矿业、制造业、电力热力燃气及水生产和供应业增加值分别增长3.6%、6.0%、4.3%；41个工业大类行业中，33个行业增加值同比增长，增长面为80.5%。从环比看，5月份规模以上工业增加值增长0.30%。**装备制造业发挥“压舱石”作用。**5月份，规模以上装备制造业增加值同比增长7.5%，拉动全部规模以上工业增长2.6个百分点，对全部规模以上工业增长贡献率为45.7%。其中，计算机通信和其他电子设备制造业、铁路船舶航空航天和其他运输设备制造业分别增长14.5%、11.8%。**设备制造行业生产快速增长。**5月份，大规模设备更新政策持续推进，带动广播电视设备制造、通信设备制造等行业增加值同比分别增长30.7%、15.7%；从产品看，农产品加工专用设备、数控锻压设备、电子工业专用设备产量分别增长53.6%、17.2%、11.0%。**相关实物量指标保持稳定增长。**5月份，货运量、港口货物吞吐量分别增长4.0%、3.8%。

（三）服务业持续恢复，假日出行较为活跃。5月份，服务业生产指数同比增长4.8%，比上月加快1.3个百分点。**出行相关服务行业增长加快。**在“五一”假期效应带动下，旅游出行明显增多，5月份交通运输仓储和邮政业、住宿和餐饮业、批发和零售业生产指数同比分别增长5.6%、4.3%、5.0%，比上月加快1.3、0.7、1.5个百分点。旅客运输增长加快。5月份，营业性客运量、旅客周转量同比分别增长7.8%、12.1%，比上月加快0.7、1.5个百分点。**现代服务业发展向好。**5月份，信息传输软件和信息技术服务业、租赁和商务服务业生产指数同比分别增长12.9%、8.8%，比上月加快2.1、2.7个百分点。**服务业景气度回升。**5月份，服务业商务活动指数为50.5%，比上月上升0.2个百分点，连续5个月位于景气区间；业务活动预期指数为57.0%，继续位于较高景气区间。

(四)市场销售有所回升,消费潜力持续释放。5月份,社会消费品零售总额39211亿元,同比增长3.7%,比上月加快1.4个百分点;环比增长0.51%。消费增长加快的主要原因:一是"五一"假日错月因素的影响,去年"五一"假期有两天安排在4月份,今年全部在5月份,有利于提振市场销售;二是消费品以旧换新政策带动家电、汽车等商品消费改善;三是"618"网购促销提前、取消预售、优惠加码等举措带动。**商品消费有所加快。**5月份,商品零售额同比增长3.6%,比上月加快1.6个百分点。限额以上单位18个商品类别中,有13类商品零售额同比增速回升,其中家用电器和音像器材类、通讯器材类商品零售额分别增长12.9%、16.6%,加快8.4、3.3个百分点;化妆品类商品零售额增长18.7%,上月为下降2.7%;汽车类商品零售额下降4.4%,降幅收窄1.2个百分点。**服务消费较快增长。**1—5月份,服务零售额同比增长7.9%,增速快于同期商品零售额4.4个百分点。其中,通讯信息服务类、交通出行服务类、旅游咨询租赁服务类零售额实现较快增长。据文化和旅游部测算,"五一"假期全国国内旅游出游人次、出游总花费同比分别增长7.6%、12.7%。

(五)投资规模继续扩大,制造业投资保持较快增长。1—5月份,固定资产投资(不含农户)188006亿元,同比增长4.0%。其中,制造业投资增长9.6%,快于全部投资增速5.6个百分点,对全部投资增长贡献率为57.3%。**设备更新和技术改造投资增长加快。**1—5月份,设备工器具购置投资、制造业技术改造投资同比分别增长17.5%、10.0%,比1—4月份加快0.3、1.5个百分点。**高技术产业投资持续加力。**1—5月份,高技术产业投资同比增长11.5%,其中电子及通信设备制造业、航空航天器及设备制造业、信息服务业、科技成果转化服务业投资分别增长10.4%、53.1%、19.1%、16.5%。**大项目投资支撑作用突出。**1—5月份,计划总投资亿元及以上项目完成投资同比增长8.5%,拉动全部投资增长4.6个百分点。

(六)就业和消费价格总体稳定,生产价格有所回升。调查失业率与上月持平。5月份,全国城镇调查失业率为5.0%,与上月持平,比上年同期下降0.2个百分点。大城市调查失业率下降。5月份,31个大城市城镇调查失业率为4.9%,分别比上月和上年同期下降0.1、0.6个百分点。1—5月份,全国城镇调查失业率均值为5.1%,比上年同期下降0.3个百分点。**居民消费价格同比涨幅持平。**5月份,居民消费价格(CPI)同比上涨0.3%,涨幅与上月持平;环比季节性略降0.1%。其中,食品价格同比下降2.0%,非食品价格上涨0.8%。核心CPI温和上涨。5月份,扣除食品和能源的核心CPI同比上涨0.6%,其中服务价格上涨0.8%。1—5月份,CPI同比上涨0.1%。**工业生产者价格环比由降转涨、同比降幅收窄。**5月份,工业生产者出厂价格(PPI)同比下降1.4%,降幅比上月收窄1.1个百分点;环比上涨0.2%,在连续6个月下降后转为上涨,其中煤炭开采和洗选业、黑色金属冶炼和压延加工业、有色金属冶炼和压延加工业价格环比分别上涨0.5%、0.8%、3.9%。1—5月份,PPI同比下降2.4%。

(七)货物贸易量增质升,外汇外储总体稳定。5月份,货物进出口总额37077亿元,同比增长8.6%,比上月加快0.6个百分点。其中,出口额增长11.2%,进口额增长5.2%。1—5月份,货物进出口总额175042亿元,规模创历史同期新高,同比增长6.3%。**对主要贸易伙伴进出口增势良好。**5月份,我国对美国、日本、韩国进出口额同比分别增长5.6%、3.9%、15.2%;对共建"一带一路"国家进出口额增长10.9%,其中对东盟增长20.8%。**重点产品出口优势巩固。**1—5月份,劳密产品、家用电器、集成电路等传统优势产品出口额同比分别增长7.1%、17.8%、25.5%;电动汽车、船舶等新兴赛道产品出口额分别增长26.3%、100.1%。**大宗商品进口稳定增加。**1—5月份,铁矿砂、煤、天然气进口量同比分别增长7.0%、12.6%、17.4%,保持较快增长。**外汇外储总体平稳。**5月末,人民币兑美元汇率中间价为

7.1088 元/美元，与上月末基本持平；外汇储备余额 32320 亿美元，比上月末增加 312 亿美元，稳定在 3.2 万亿美元以上。

(八)转型升级态势持续，新质生产力加快培育。重大科技成果不断涌现。嫦娥六号探测器开启世界首次月球背面采样返回之旅，我国自主研发生物航煤加注国产大飞机试飞成功，亚洲首艘圆筒型浮式生产储卸油装置“海葵一号”完成海上安装，国内首个大容量钠离子电池储能电站投运，科技创新持续赋能高质量发展。**数字经济蓬勃发展。**5 月份，规模以上智能无人飞行器制造、智能车载设备等数字产品制造行业增加值同比分别增长 75.0%、19.7%。**高技术行业较快增长。**5 月份，规模以上高技术制造业增加值同比增长 10.0%，其中电子及通信设备制造业增长 13.7%，今年以来保持两位数增长；航空航天器及设备制造业、信息化学品制造业分别增长 8.4%、13.3%，均保持较快增长。从产品看，集成电路、3D 打印设备、全集装箱船产量分别增长 17.3%、36.3%、104.9%。**网络消费占比稳步提升。**1—5 月份，实物商品网上零售额同比增长 11.5%，比 1—4 月份加快 0.4 个百分点；占社会消费品零售总额比重为 24.7%，提高 0.8 个百分点。**绿色低碳转型扎实推进。**5 月份，新能源汽车、太阳能电池等新能源产品产量同比分别增长 33.6%、14.8%；太阳能工业用超白玻璃、单晶硅、多晶硅等绿色材料产量分别增长 25.8%、33.9%、57.7%。能源供应清洁化低碳化持续加力。1—5 月份，清洁电力投资同比增长 32.9%；规模以上工业水电、风电、核电、太阳能发电量合计增长 10.1%，占规模以上工业发电量的比重提升至 31.2%。

二、当前经济运行面临的主要困难挑战

当前经济运行总体平稳，但外部环境复杂性严峻性有所上升，国内结构调整阵痛继续显现，有效需求仍显不足，房地产市场持续低迷，经济恢复不够均衡，市场预期不够稳定，经济内生动能亟待增强。

（一）国内有效需求恢复偏慢。从5月份情况来看，经济恢复仍不平衡，需求恢复弱于生产，内需恢复弱于外需，重点领域投资消费需求不足制约经济循环畅通。1—5月份，规模以上工业增加值同比增长6.2%，货物出口额增长6.1%，快于固定资产投资、社会消费品零售总额4.0%、4.1%的增速。**从投资需求看，**部分地方政府财政困难，项目资金保障存在缺口，民间投资信心不足，投资增势连续放缓。1—5月份，固定资产投资本年实际到位资金同比下降5.6%，降幅比1—4月份扩大0.2个百分点。基础设施投资增长5.7%，增速比1—4月份回落0.3个百分点，连续2个月回落；民间投资仅增长0.1%，回落0.2个百分点，其中民间房地产开发投资下降较多。**从消费需求看，**居民就业和收入预期偏弱，扩大消费意愿不强，5月份消费者信心指数为86.4，比上月低1.8点。尽管“以旧换新”政策对汽车销售有带动效应，但汽车特别是新能源汽车持续降价，部分消费者仍存观望情绪，加之上年同期对比基数较高，汽车销售仍在下降。5月份，限额以上单位汽车类商品零售额同比下降4.4%，其中燃油车零售额降幅达两位数。随着出境游加快恢复，部分高端消费外流明显，国内高端市场销售增长承压。

（二）企业经营困难较多预期偏弱。部分行业企业“内卷式”竞争加剧。部分新兴领域存在重复建设，市场需求不足的情况下，行业“内卷式”竞争加剧，分化现象突出。5月份，传统燃油车与新能源汽车竞争加剧，车企大打“价格战”争夺市场份额，行业增量不增利。5月份，CPI中燃油小汽车、新能源小汽车价格同比分别下降5.2%、6.9%，降幅均比上月有所扩大。**订单不足的问题日益凸显。**5月份，采购经理调查显示，反映市场需求不足的制造业企业比重达60.6%，比上月上升1.2个百分点，反映市场需求不足的非制造业企业比重连续3个月超过59%，是企业面临的最突出问题。**企业成本上升、回款困难。**1—4月份，规模以上工业企业每百元营业收入中的成本为

85.34元，升至近6年最高位，同比增加0.14元，今年以来持续增加。企业回款难，资金占用增多。4月末，规模以上工业应收账款同比增长7.6%。企业盈利空间受到挤压，亏损面有所扩大。4月末，规模以上工业企业亏损面为31.7%，同比扩大0.2个百分点。**制造业企业特别是中小企业预期有所走弱。**5月份，制造业采购经理指数(PMI)为49.5%，比上月下降0.9个百分点；其中，中、小型企业PMI分别为49.4%、46.7%，再次跌入收缩区间，低于大型企业1.3、4.0个百分点。

(三)房地产调整的外溢效应仍在释放。5月中旬以来，有关部门和地区进一步调整优化房地产政策，楼市活跃度有所提升，但新政策实施时间较短，政策效应释放还需要一定时间，目前房地产市场仍在调整筑底。**商品房销售仍较低迷，"以价换量"态势明显。**1—5月份，新建商品房销售面积、销售额同比分别下降20.3%、27.9%，销售均价有所下降。**商品房待售面积持续增加。**5月末，新建商品房待售面积74256万平方米，同比增长15.8%，比上月末上升0.1个百分点，连续2个月上升。**房地产企业回款难度较大。**1—5月份，房地产开发企业本年实际到位资金同比下降24.3%，其中定金及预收款、个人按揭贷款分别下降36.7%、40.2%。**房地产投资降幅扩大。**1—5月份，房地产开发投资同比下降10.1%，降幅比1—4月份扩大0.3个百分点，今年以来降幅持续扩大。**产业链关联行业继续承压。**5月份，水泥产量同比下降8.2%，限额以上单位建筑及装潢材料类商品零售额下降4.5%。1—4月份，规模以上黑色金属冶炼和压延加工业企业亏损222亿元，非金属矿物制品业企业利润总额同比下降53.9%。

此外，尽管世界经贸前景有所改善，但地缘政治冲突外溢影响加大，全球供应链受到扰动，部分西方国家对我打压遏制不断，外部风险挑战有所上升，相关影响需要高度关注。

三、下阶段经济走势初步研判及主要政策建议

综合来看，当前国民经济运行总体平稳，但恢复仍不均衡，内生动能不强，向好基础不牢。**特别是从4、5月份运行情况看，**经济运行稳中有忧、稳中有缓，反映内需和服务业的指标增速比一季度明显回落，下行压力有所显现。4、5月份，服务业生产指数同比分别增长3.5%、4.8%，低于一季度5.5%的水平；社会消费品零售总额增长2.3%、3.7%，低于一季度4.7%的水平；固定资产投资累计增长4.2%、4.0%，服务零售额累计增长8.4%、7.9%，均连续放缓。考虑到6月份同期基数较高、假日拉动效应减退以及网购促销提前等因素，主要生产需求指标或将继续承压。**展望下半年，**国际环境变乱交织，不稳定不确定因素明显增多，出口持续回暖面临多重制约，对经济的拉动作用或将减弱；国内有效需求仍然不足，部分地方财政收支矛盾突出，一些领域风险防范化解压力较大，结构调整阵痛仍将持续，叠加三、四季度高基数影响，完成全年经济增长预期目标挑战加大。

面对复杂局面，要全面贯彻落实中央政治局会议精神，既要坚定发展信心，更要坚持底线思维，充分估计内外部环境的复杂严峻性和不确定性，锚定全年目标任务，加大宏观政策实施力度，靠前发力有效落实已经确定的宏观政策，强化形势跟踪研判和政策预研储备，切实巩固和增强经济回升向好态势。锚定高质量发展，科学把握“稳与进”“立与破”的辩证关系，更好统筹稳增长、促改革、防风险，加快培育和发展新质生产力，有效对冲结构调整带来的阵痛和压力，力促经济实现质的有效提升和量的合理增长。

一是突出扩内需稳预期，抓好宏观政策落地实施。加快专项债发行使用进度，及早发行并用好超长期特别国债，加快重点项目施工进度。督促各地加快出台落实消费品以旧换新地方性实施细则，加

快“换新＋回收”物流体系和新模式发展。预研储备一批政策，根据形势变化适时加大宏观调控力度。加强经济形势宣传解读，唱响中国经济光明论。

二是突出增动能提质效，加快发展新质生产力。以科技创新推动产业创新，特别是以颠覆性技术和前沿技术催生新产业、新模式、新动能，有效发挥创新驱动的“乘数效应”，推动高质量发展。注重运用新技术改造传统产业，以数智化转型促进产业链高效协同。加强未来产业谋划布局，前瞻部署创新链，确保产业体系自主可控。

三是突出激活力强信心，全面深化改革开放。以更大力度更实举措全面深化改革开放，进一步解放和发展社会生产力。加快构建高标准市场体系，完善市场经济基础制度，建设全国统一大市场，推动各类生产力要素合理流动和优化配置。创造条件支持民营企业走出去开拓国际市场，优化贸易融资、跨境结算、汇率风险管理等服务。

四是突出保安全守底线，推动风险隐患持续化解。积极用好房地产支持政策，打好商品住房项目保交房攻坚战，推动消化存量商品住房，抓紧构建房地产发展新模式。研究适当降低房地产行业预征税率，优化金融信贷政策和预售资金监管政策，缓解房地产企业流动性压力。深入实施地方政府债务风险化解方案，完善地方政府债务监管体系，统筹好债务压降与稳定发展。

7月份国民经济运行情况分析

7月份，在宏观政策加力实施作用下，生产需求继续恢复，就业物价总体稳定，新动能培育壮大，经济运行延续总体平稳、稳中有进发展态势。但外部环境变化带来的不利影响增多，国内有效需求不足制约明显，经营主体预期走弱，暴雨洪涝、极端高温等短期因素造成扰动，经济运行稳中有忧、进中承压，完成全年目标任务需要付出更多艰苦努力。

一、经济运行总体平稳、稳中有进

（一）生产供给稳定增加。农业总体稳定。早稻播种面积略有增加，产量预计与上年持平。大部分农区光热条件良好、墒情适宜，秋粮长势总体正常。养殖效益明显好转，生猪存栏连续增加。7月末，生猪调出大县生猪存栏环比增长1.0%，连续5个月增加。**工业生产稳中略缓。**7月份，规模以上工业增加值同比增长5.1%，环比增长0.35%，分别比上月回落0.2、0.07个百分点。其中，采矿业、制造业、电力热力燃气及水生产和供应业增加值分别增长4.6%、5.3%、4.0%。装备制造业发挥“压舱石”作用。7月份，规模以上装备制造业增加值同比增长7.3%，比上月加快0.4个百分点，拉动规模以上工业增长 2.4 个百分点，贡献率为 47.9%。工业品出口有所加快。7 月份，规模以上工业出口交货值同比增长 6.4%，比上月加快 2.6 个百分点。**服务业小幅回升。**7 月份，服务业生产指数同比增长 4.8%，比上月加快 0.1 个百分点。其中，批发和零售业、金融业生产指数同比分别增长 3.7%、5.1%，比上月加快 0.6、1.1 个百分点；房地产业下降 3.5%，降幅收窄 0.3 个百分点；交通运输仓储和邮政业增长 5.3%，快于全部服务业增速。从相关指标看，7 月份货物周转量、旅客周转量同比分别增长 6.5%、4.6%。

（二）国内需求继续恢复。市场销售低位回升。7 月份，社会消费品零售总额 37757 亿元，同比增长 2.7%，比上月加快 0.7 个百分点；环比增长 0.35%，上月为下降 0.1%。商品零售有所好转。7 月份，商品零售额同比增长 2.7%，比上月加快 1.2 个百分点。限额以上单位 18 个商品类别中，10 类商品零售额同比增速回升，其中体育娱乐用品类、通讯器材类商品零售额分别增长 10.7%、12.7%。1—7 月份，服务零售额同比增长 7.2%，快于同期商品零售额 4.1 个百分点。**投资规模持续扩大。**1—7 月份，固定资产投资（不含农户）287611 亿元，同比增长 3.6%。在大规模设备更新政策带动下，设备工器具购置投资同比增长 17.0%，对全部投资增长贡献率为 60.7%；制造业技改投资增长 10.9%，快于全部投资 7.3 个百分点。大项目投资支撑作用明显。1—7 月份，计划总投资亿元及以上项目投资同比增长 7.6%，拉动全部投资增长 4.1 个百分点。

（三）就业物价总体稳定。调查失业率季节性上升。7 月份，全国城镇调查失业率为 5.2%，受毕业季等因素影响，比上月上升 0.2 个百分点，但比上年同期低 0.1 个百分点。农民工就业基本稳定。7 月份，外来农业户籍劳动力城镇调查失业率为 4.9%，低于全国城镇调查失业率 0.3 个百分点。**居民消费价格低位回升。**7 月份，居民消费价格（CPI）同比上涨 0.5%，涨幅比上月扩大 0.3 个百分点；环比由上月下降0.2%转为上涨0.5%，涨幅高于近十年同期平均水平0.2个百分点。CPI环比涨幅较大主要是受高温降雨天气推高鲜菜鸡蛋价格、暑期出游旺盛带动机票住宿价格上涨的影响。分类别看，食品价格环比上涨1.2%、同比持平；非食品价格环比上涨0.4%、同比上涨0.7%。

（四）进出口质升量增。7月份，货物进出口总额36758亿元，同比增长6.5%，比上月加快0.7个百分点。其中出口增长6.5%，进口增长6.6%。**贸易结构升级优化。**1—7月份，机电产品出口额占出口总额比重为59.0%，同比提高0.9个百分点；民营企业进出口额占进出口总额比重为55.1%，提高2.3个百分点。**重点产品出口优势巩固。**1—7月份，自动数据处理设备及其零部件、家用电器、集成电路、船舶出口额同比分别增长11.6%、18.1%、25.8%、84.4%。**对主要贸易伙伴进出口向好。**1—7月份，我国对共建"一带一路"国家进出口额同比增长7.1%，其中对东盟增长10.5%，快于全部进出口额4.3个百分点；对美国、韩国进出口额分别增长4.1%、8.0%，增速均有所加快；对欧盟进出口额同比由降转增。

（五）高质量发展取得新进展。高技术制造业增长加快。7月份，规模以上高技术制造业增加值同比增长10.0%，比上月加快1.2个百分点；其中电子及通信设备制造业增长13.1%，加快2.1个百分点，飞机制造、半导体器件专用设备制造、集成电路制造等行业增加值分别增长12.7%、25.4%、17.7%。**新兴服务业增势良好。**7月份，信息传输软件和信息技术服务业、租赁和商务服务业同比分别增长12.6%、9.0%；科学研究和技术服务业生产指数保持较快增速。**数字经济不断壮大。**7月份，规模以上数字产品制造业增加值同比增速比上月加快2.6个百分点；虚拟现实设备、服务机器人、3D打印设备等智能产品产量分别增长55.7%、41.6%、25.3%。网络零售新业态较快发展。1—7月份，实物商品网上零售额同比增长8.7%，占社会消费品零售总额比重达25.6%，比1—6月份提高0.3个百分点。**绿色转型深入推进。**7月份，新能源汽车、充电桩等绿色产品产量同比分别增长27.8%、34.9%；规模以上工业水电、太阳能发电量分别增长36.2%、16.4%，明显快于全部发电量。绿色消费方兴未艾。中汽协数据显示，7月份新能源汽车销量99万辆，同比增长27%，占汽车新车总销量的43.8%。**新兴领域和民生领域投入加大。**1—7月份，高技术产业投资同比增长10.4%，其中高技术制造业、高技术服务业投资分别增长9.7%、11.9%；体育、水利管理业、电力热力燃气及水生产和供应业投资分别增长7.4%、28.9%、23.8%。

二、经济运行稳中有忧、进中承压

当前外部环境变乱交织，对我不利影响加深，国内需求不足、循环不畅、预期不稳相互影响，新旧动能转换存在阵痛，加上暴雨、洪涝、高温等短期因素影响，经济内生动能偏弱，下行压力进一步加大。7月份工业、投资增势有所减缓，消费、物价低位徘徊，反映出经济恢复面临的困难挑战增多。

（一）国内有效需求不足持续，重点领域投资消费低迷。从投资看，受资金保障不足、投资意愿偏弱以及高温暴雨洪涝灾害影响，重点领域投资继续下滑。1—7月份，固定资产投资同比增速比1—6月份回落0.3个百分点，连续4个月放缓，其中基础设施投资同比增长4.9%，比1—6月份回落0.5个百分点，连续4个月回落。**极端强降水和高温天气影响建筑施工。**据了解，受台风影响福建全省过半数施工项目停工3天左右，受暴雨洪涝影响四川1200多个项目停工，吉林也遭遇洪涝灾害影响。1—7月份，福建、四川固定资产投资同比增速分别比1—6月份回落1.4、0.7个百分点；吉林下降0.3%，1—6月份为增长5.6%。**一些大项目处在收尾期，新开工项目接续不足，投资增长后劲乏力。**1—7月份，新开工项目计划总投资同比下降

6.8%，降幅比1—6月份扩大1.0个百分点。**从消费看，**7月份社会消费品零售总额增速略有回升，但仍为疫情防控转段以来低位。**限额以上单位消费品零售额连续下降。**7月份，限额以上单位消费品零售额同比下降0.1%，连续2个月下降，其中餐饮收入下降0.7%，为2023年以来首次转降。**大宗商品消费疲弱。**7月份，限额以上单位汽车类商品零售额同比下降4.9%，其中燃油类汽车零售额两位数下降；家用电器和音像器材类、建筑及装潢材料类商品零售额分别下降2.4%、2.1%。**实体业态销售低迷。**1—7月份，限额以上单位百货店零售额同比下降3.8%，降幅比1—6月份扩大0.8个百分点。购物中心零售额同比降幅也有所扩大。**消费者信心指数连续下滑。**7月份，消费者信心指数为86.0，连续4个月回落，自上年4月份起持续位于90以下的较低水平。**从价格看，**核心CPI走低，PPI持续下降。核心CPI剔除了易受气候、季节、地缘政治因素影响的食品和能源价格，更能反映中长期消费需求变化。7月份，核心CPI同比上涨0.4%，比上月回落0.2个百分点，为近三年来最低水平，反映消费需求不足的问题更加突出。7月份，工业生产者出厂价格同比下降0.8%，连续22个月下降，工业品需求仍然偏弱。

(二)经营主体困难较多，市场预期走弱。订单不足问题有所加剧。7月份采购经理调查显示，反映市场需求不足的制造业企业比重达63.8%，连续3个月上升；反映市场需求不足的服务业企业比重达64.3%，连续2个月上升。需求不足叠加部分行业新增产能释放，"内卷式"竞争加剧，企业不同程度面临量增价跌、增产不增收不增利的困境。**"两金"占用问题突出。**6月末，规模以上工业企业应收账款同比增长8.6%，占流动资产比重为28.0%，比上年同期提高0.9个百分点；应收账款平均回收期达66.2天，同比增加3.5天；产成品存货周转天数为20.3天，增加0.2天。**企业预期持续低迷。**7月份，制造业采购经理指数(PMI)为49.4%，比上月下降0.1个百分点，连续3

个月位于收缩区间；非制造业商务活动指数为 50.2%，比上月下降 0.3 个百分点，其中服务业商务活动指数已降至临界点，为今年以来最低水平。

（三）部分领域结构性问题仍较突出，风险隐忧需要关注。房地产市场仍在筑底调整。房地产开发投资、商品房销售降幅较大。1—7 月份，房地产开发投资同比下降 10.2%，降幅比 1—6 月份扩大 0.1 个百分点；新建商品房销售面积、销售额分别下降 18.6%、24.3%，当月销售面积和销售额降幅均比上月有所扩大。房地产关联行业承压下行。7 月份，规模以上非金属矿物制品业增加值同比下降 2.9%，降幅比上月扩大 2.5 个百分点；黑色金属冶炼和压延加工业、家具制造业增加值分别由上月增长 3.3%、1.6%转为下降 1.5%、0.8%。**青年群体就业压力上升。**随着毕业季到来，应届毕业生集中进入劳动力市场，青年群体失业率上升。7 月份，不含在校生的 16—24 岁、25—29 岁劳动力城镇调查失业率分别为 17.1%、6.5%，比上月上升 3.9、0.1 个百分点，比上年同期上升 0.4、0.1 个百分点。此外，大龄、低技能农民工及脱贫劳动力就业仍面临较大困难，平台经济中部分行业就业人员人均接单量、收入有所下滑，新就业形态承载压力上升。

（四）外部环境变乱交织，对我不利影响有所加大。世界经济恢复动能转弱。高利率、高债务、高风险叠加蔓延，主要经济体货币政策分化加剧，地缘政治局势频生变数，全球经济景气度明显回落。7 月份，全球制造业 PMI 为 49.7%，比上月下降 1.1 个百分点，今年以来首次跌入收缩区间。其中新出口订单指数为 49.4%，连续 2 个月位于收缩区间。美国、欧元区、日本制造业 PMI 均位于收缩区间。**全球金融市场震荡加剧。**受货币政策分歧的外溢影响，全球金融市场恐慌情绪急剧升温、波动加剧，可能通过贸易、投资等渠道影响我经济金融稳定。截至 8 月 8 日，明晟全球股票指数比 7 月初下跌 3.4%，其中发达市场、新兴市场股票指数分别下跌 3.4%、3.8%；人民币兑日元汇率中间价比7月初贬值8.8%。**外贸增长扰动因素仍多。**全球制造业活动趋于收缩，贸易限制措施增多，叠加全球大选加大经贸政策变数，我外贸增长面临较多不确定性。7月份，我国劳密产品出口额由上月同比增长4.9%转为下降2.2%；受贸易制裁预期影响，企业“抢出口”倾向加剧，“新三样”产品出口短期改善，但增长持续性仍需关注。

三、推动宏观调控加力增效，确保完成全年经济社会发展目标任务

综合来看，7月份经济运行总体平稳，但内外部压力交织、长短期因素叠加，经济内生动能不强，下行压力较大，当月工业、服务业、投资、消费、出口等主要指标增速均比上半年回落，对标全年经济增长目标仍有差距。三季度是全年发展承上启下的关键期、更是完成全年目标任务的攻坚期，目前三季度已经接近过半，考虑到后期外需不确定性增多、传统动能衰减以及基数走高等因素，经济增长持续承压，完成全年经济增长预期目标需要付出更多艰苦努力。面对复杂局面，要认真贯彻落实党的二十届三中全会和中央政治局会议决策部署，切实增强责任感、紧迫感，全力以赴、不折不扣抓好各项改革任务和宏观政策落实落地，锚定全年目标任务，优化强化宏观政策，加大宏观调控力度，狠抓已出台政策落实落细，及时研究推出增量政策，突出重点破解难题，以深化改革促进稳增长、调结构、防风险，切实增强经济持续回升向好态势，确保完成全年经济社会发展目标任务。

一是优化政策实施，狠抓已出台宏观政策落地落细。全面落实、加快推进已确定的宏观政策，优化配套措施，缩短市场观望期。加大“两新”“两重”等重点领域资金支持力度，加快中央预算内投资、专项债、超长期特别国债等使用进度，完善土地、资源等要素保障，尽快形

成实物工作量。加强宏观政策实施效果跟踪评价,及时总结推广各地典型经验做法,及时打通堵点卡点。加强政策宣传,扩大知晓度覆盖面。着力推动更多领域更大范围实现“高效办成一件事”,提升政策落实效率。

二是加强政策储备,适时加大宏观调控力度。加强对国内外经济形势的监测分析,以我为主做好全球货币金融环境变化的应对预案,强化预判预警和政策预研储备,适时研究推出一批操作性强、效果好、让群众可感可及的增量政策,依靠实打实的政策举措和改革行动释放积极信号、提振市场信心。做好经济宣传和舆论引导,唱响中国经济光明论。

三是突出政策重点,着力扩内需促消费惠民生。要把扩大国内有效需求摆在更加突出位置,以提振消费为重点扩内需。强化就业优先战略,完善大学毕业生等重点群体就业支持政策,多措并举增加城乡居民特别是低收入者收入,提高劳动者报酬在初次分配中的比重,多渠道增加居民财产性收入,持续提高居民消费能力。稳定资本市场,增加居民财富获得感。积极拓展消费新场景,支持文化体育旅游融合发展,促进养老、育幼、家政等服务消费扩容提质。不断优化投资环境,进一步调动民间投资积极性。

四是强化政策协同,提升宏观调控精准性有效性。强化宏观政策取向一致性评估,加强部门协同配合,有效发挥政策的联动效应。集中资源力量攻关,在培育壮大新兴产业和未来产业、推进高水平开放等方面取得更多实质性突破,加快发展新质生产力,增强经济内生动能。坚持消化存量和优化增量相结合,促进房地产市场平稳健康发展。完善和落实地方一揽子化债方案,稳妥处置金融风险。

8 月份国民经济运行情况分析

8 月份，生产需求指标保持增长，就业物价总体稳定，转型升级持续推进，经济运行基本平稳，延续稳中有进的发展态势。但国际环境更趋复杂严峻和不确定，国内有效需求不足继续强化，市场预期有所弱化，重点领域风险还在演化，经济运行稳中承压、稳中趋缓，多数生产需求指标增速回落，下行压力有所加大，完成全年发展目标任务需要付出更多艰苦努力。

一、从累计看，经济运行基本平稳，高质量发展态势持续

（一）生产供给平稳增长。农业生产形势稳定。秋粮播种面积预计稳中略增，全国大部分农区光温水比较匹配，秋粮长势总体正常。养殖效益持续向好，生猪存栏出栏双增。8 月份，生猪调出大县合计出栏生猪同比增长 3.0%，月末生猪存栏环比增长 0.5%，连续 6 个月增加。**工业生产稳中略缓。**1—8 月份，规模以上工业增加值同比增长 5.8%，比 1—7 月份回落 0.1 个百分点。其中，采矿业、电力热力燃气及水生产和供应业增加值分别增长 2.9%、5.8%，均加快 0.1 个百分点；制造业增加值增长 6.1%，回落 0.2 个百分点。装备制造业支撑作用明显。1—8 月份，规模以上装备制造业增加值同比增长

7.6%，拉动规模以上工业增长2.6个百分点，贡献率为44%。工业品出口形势较好。1—8月份，规模以上工业出口交货值同比增长4.1%，比1—7月份加快0.5个百分点，今年以来累计增速逐月加快。8月份，规模以上工业增加值同比增长4.5%。**服务业平稳恢复。**1—8月份，服务业生产指数同比增长4.9%，与1—7月份持平。出行类相关服务业较快增长。1—8月份，住宿和餐饮业、交通运输仓储和邮政业、租赁和商务服务业生产指数同比分别增长6.0%、5.7%、7.7%，均快于全部服务业增速。从相关指标看，1—8月份，货物周转量、旅客周转量同比分别增长4.8%、16.6%。8月份，服务业生产指数同比增长4.6%。

（二）国内需求继续恢复。市场销售保持增长。1—8月份，社会消费品零售总额312452亿元，同比增长3.4%，比1—7月份回落0.1个百分点；其中商品零售额增长3.0%，餐饮收入增长6.6%。基本生活类和部分升级类商品销售增势较好。1—8月份，限额以上单位粮油食品类、饮料类商品零售额同比分别增长9.7%、5.3%，体育娱乐用品类、通讯器材类商品零售额分别增长10.1%、11.8%。服务消费增长较快。1—8月份，服务零售额同比增长6.9%，快于同期商品零售额3.9个百分点；其中通讯信息服务类、交通出行服务类、旅游咨询租赁服务类零售额保持较快增长。**投资规模继续扩大。**1—8月份，固定资产投资（不含农户）329385亿元，同比增长3.4%，比1—7月份回落0.2个百分点。设备更新和大项目投资带动效应明显。1—8月份，设备工器具购置投资同比增长16.8%，拉动全部投资增长2.2个百分点；计划总投资亿元及以上项目投资增长7.0%，拉动全部投资增长3.8个百分点。

（三）就业物价总体稳定。城镇调查失业率基本平稳。1—8月份，全国城镇调查失业率均值为5.2%，比上年同期下降0.1个百分点。受毕业季影响，8月份失业率为5.3%，比上月上升0.1个百分点。农民工就业形势有所好转。1—8月份，外来农业户籍劳动力城镇调查失业率均值为4.7%，比上年同期下降0.4个百分点；其中8月份为4.6%，比上月下降0.3个百分点。**居民消费价格温和上涨。**1—8月份，居民消费价格(CPI)同比上涨0.2%，涨幅与1—7月份持平；其中扣除食品和能源价格的核心CPI上涨0.6%。8月份，CPI同比上涨0.6%，涨幅比上月扩大0.1个百分点。受高温多雨天气等因素影响，8月份CPI环比上涨0.4%，连续2个月上涨。其中，食品价格环比上涨3.4%，鲜菜、鲜果、鸡蛋、猪肉价格上涨明显；非食品价格下降0.3%，汽油价格受国际油价波动影响下降3.0%。

(四)国际收支基本平衡。货物进出口增势较好。1—8月份，货物进出口总额285838亿元，同比增长6.0%，比1—7月份回落0.2个百分点。其中出口额增长6.9%，加快0.2个百分点；进口额增长4.7%，回落0.7个百分点；贸易顺差同比扩大13.6%。8月份，货物进出口总额37523亿元，同比增长4.8%，规模创历史同期新高。**优势产品出口较快增长。**1—8月份，集成电路、汽车、船舶、家用电器出口额同比分别增长24.8%、22.2%、81.0%、17.2%，均保持两位数增速。**贸易结构继续改善。**1—8月份，机电产品出口额占出口总额比重为59.1%，同比提高1.1个百分点；民营企业进出口额占进出口总额比重为55.1%，提高2.3个百分点。**外汇外储稳中有升。**8月末，人民币兑美元汇率中间价为7.1124元/美元，比上月末升值0.3%；外汇储备余额32882亿美元，比上月末上升318亿元，稳定在3.2万亿美元以上。

(五)高质量发展稳步推进。高端智能产业发展向好。1—8月份，高技术制造业增加值同比增长8.9%，与1—7月份持平，占规模以上工业增加值比重提升至15.8%；其中电子及通信设备制造业、航空航天器及设备制造业增加值分别增长12.4%、11.7%。1—8月份，规模以上智能无人飞行器制造、智能车载设备制造等行业增加值分别增长55.7%、33.9%;服务机器人、智能手表产量分别增长25.4%、10.4%。**新兴服务业培育壮大。**1—8月份,信息传输软件和信息技术服务业生产指数同比增长11.9%,快于全部服务业7.0个百分点。**高技术领域投资快速增长。**1—8月份,高技术制造业投资同比增长9.6%,其中电子及通信设备制造业、医药制造业投资分别增长10.0%、7.3%;高技术服务业投资增长11.7%,其中研发设计服务业、科技成果转化服务业投资分别增长16.3%、15.9%。**绿色低碳转型扎实推进。**1—8月份,新能源汽车、充电桩产量同比分别增长31.3%、65.0%,多晶硅、太阳能工业用超白玻璃等绿色材料产量分别增长46.5%、61.3%。**新业态新模式新场景加速融合。**线上线下融合发展增强消费体验,即时零售等消费新业态新模式较快增长。1—8月份,实物商品网上零售额同比增长8.1%,占社会消费品零售总额比重达25.6%;即时消费需求较为集中的便利店零售额增长4.9%;消费体验佳的仓储会员店零售额两位数增长。

二、从近期看,经济运行稳中承压,下行压力有所加大

三季度以来,外部环境变化带来的不利影响增多,国内有效需求不足、行业企业明显分化、市场预期持续偏弱、新旧动能转换阵痛凸显,加上高温、暴雨、台风等极端天气频发,经济下行压力有所加大。

(一)主要生产需求指标连续走弱。从7、8月份的情况看,主要生产需求指标连续回落,同比增速明显低于上半年,甚至低于二季度,经济运行面临较大下行压力。**从生产端看,**7、8月份,规模以上工业增加值同比分别增长5.1%、4.5%,而上半年增长6.0%,二季度增长5.9%,回落态势明显;服务业生产指数分别增长4.8%、4.6%,而上半年增长4.9%,同样呈回落态势。**从需求端看,**7、8月份,社会消费品零售总额同比分别增长2.7%、2.1%,而上半年增长3.7%,二季度增长2.6%,消费增速持续低位波动;服务零售额累计分别增长

7.2%、6.9%，而上半年增长7.5%；固定资产投资（不含农户）累计分别增长3.6%、3.4%，而上半年增长3.9%。**从相关指标看，**8月份，货物周转量增长4.1%，比上月回落2.5个百分点；7月份财政金融等部分指标也在走弱。

（二）国内有效需求不足更加突出。市场销售低位徘徊，限上单位消费持续下降，汽车零售下拉较大。社会消费品零售总额同比增速连续3个月低于3%，扣除价格因素，8月份实际仅增长1.3%，比上月回落0.8个百分点。8月份，限额以上单位消费品零售额同比名义下降0.6%，降幅比上月扩大0.5个百分点，连续3个月同比下降。居民消费能力和消费意愿不强，对中高端可选消费更趋谨慎，汽车等大宗消费乏力。8月份，限额以上单位汽车类商品零售额同比下降7.3%，降幅比上月扩大2.4个百分点，影响社会消费品零售总额回落0.8个百分点左右。**投资增速连续回落，民间投资转为下降，新开工项目接续不足。**二季度以来，投资累计增速逐月放缓，1—8月份比年内高点回落1.1个百分点。部分地方政府投资资金保障能力较弱，基础设施项目推进面临困难。1—8月份，基础设施投资同比增长4.4%，比1—7月份回落0.5个百分点，连续5个月回落。民间投资由平转降。1—8月份，民间投资同比由上月持平转为下降0.2%，为年内首次下降。从先行指标看，增长后劲依然不足。1—8月份，固定资产投资本年实际到位资金同比下降4.4%，新开工项目计划总投资下降6.1%。**核心CPI降至低位，PPI降幅扩大。**8月份，扣除食品和能源的核心CPI同比仅上涨0.3%，比上月回落0.1个百分点，创41个月以来新低。工业生产者出厂价格（PPI）同比下降1.8%，降幅比上月扩大1.0个百分点，为今年4月份以来首次降幅扩大。从后几个月看，原油、有色金属等国际大宗商品价格可能波动走低，国内钢材、水泥等产品需求偏弱，预计PPI仍有下行压力。

（三）需求侧压力逐步向生产端传导。需求走弱阻滞经济循环畅通,对生产、销售、效益的负面影响正在显现。**内需对工业销售增长的贡献明显下滑。**初步测算,8月份国内市场销售对规模以上工业销售产值增长的贡献率比上月明显回落。**产销衔接不畅,行业和产品回落面扩大。**8月份,规模以上工业产销率为96.6%,同比、环比分别下降0.8、0.6个百分点,为有统计以来历史同期最低点。在统计的597种工业产品中,340种产品产量增速比上月回落,占57.0%,比上月扩大4.7个百分点;41个工业大类行业中,27个行业增速比上月回落,占65.9%,扩大12.2个百分点。**企业"内卷式"竞争加剧,产品量增价减、增收不增利。**采购经理调查显示,8月份反映市场需求不足的制造业、服务业企业占比分别比上月上升1.1、0.9个百分点,均创有调查以来的新高。企业经营效益下滑。1—7月份,规模以上制造业企业营业收入利润率仅为4.44%,不仅低于上半年,也明显低于疫情前平均5%以上的水平。

(四)市场预期持续偏弱。经济下行压力加大,导致社会预期不稳、信心不足,而预期走弱又进一步制约生产需求扩张,强化经济自我负向反馈,加大经济平稳运行难度。**制造业PMI连续下滑。**8月份,制造业采购经理指数(PMI)为49.1%,比上月下降0.3个百分点,连续4个月位于临界点以下。产需两端同时放缓,生产指数为49.8%,下降0.3个百分点,今年3月份以来首次回落至临界点以下;新订单指数为48.9%,下降0.4个百分点,连续4个月位于临界点以下。**中小企业景气度明显弱于大型企业。**8月份,中、小型企业PMI分别为48.7%、46.4%,比上月下降0.7、0.3个百分点;而大型企业PMI为50.4%,仍位于临界点以上。**消费者信心持续低迷。**受就业和收入预期下滑影响,居民消费信心不足。8月份,消费者信心指数为85.8,比上月下降0.2点,连续5个月下滑。

(五)重点领域风险隐忧不容忽视。房地产调整外溢影响持续显现。房地产投资、销售、新开工等指标持续大幅下降,产业链关联行业生产下滑，地方可用财力下降，部分基层“三保”压力较大。1—8月份，房地产开发投资同比下降10.2%，新建商品房销售面积、销售额分别下降18.0%、23.6%。8月份，规模以上非金属矿物制品业、黑色金属冶炼和压延加工业增加值同比分别下降5.5%、2.1%，降幅比上月扩大2.6、0.6个百分点；家具制造业增加值下降0.6%，连续2个月下降。1—7月份，地方国有土地使用权出让收入同比下降22.3%，收入规模不足2021年同期水平的一半。**青年群体就业压力上升。**8月份，不含在校生的16—24岁、25—29岁劳动力城镇调查失业率分别为18.8%、6.9%，比上月上升1.7、0.4个百分点，均高于上年同期0.4个百分点。受此影响，全国城镇调查失业率环比、同比均有所上升。就业通常滞后于总体经济的波动，当前经济下行压力持续较大，可能导致就业市场进一步承压。

此外，世界经济增长动能趋缓，全球制造业PMI连续2个月位于收缩区间，涉华贸易摩擦明显增多，叠加全球大选加大经贸政策变数，我国发展面临的外部挑战依然较多。随着部分国家针对我电动汽车、钢铝等主要产品的贸易限制措施落地，下阶段出口稳定增长面临的不确定性增多。8月份，劳动密集型产品出口额同比下降1.3%，连续2个月下降；“新三样”产品出口额由上月增长转为下降。

三、锚定全年目标任务，强化宏观政策效能

综合来看，尽管宏观经济基本盘总体稳定，但外部不稳定、不确定、难预料因素增多，国内周期性、结构性问题交织叠加，需求不足、循环不畅、预期不稳相互影响，三季度以来主要指标连续走弱，对标全年预期目标有差距。如果这种下行趋势得不到有效遏制，三季度GDP同比增速可能低于二季度，完成全年发展预期目标难度加大。面对复杂局面，要认真贯彻落实党的二十届三中全会和中央政治局会议决策部署，切实增强责任感、紧迫感，宏观政策要持续用力、更加

给力，加强逆周期调节，狠抓已出台政策落实落细，及时研究推出增量政策，以强有力的宏观政策对冲经济下行压力，以确定性的改革举措稳定预期提振信心，确保完成全年经济社会发展目标任务。

具体来看，**一是全面落实已确定的宏观政策。**全面推进“两重”建设和“两新”工作落地见效，加快中央预算内投资、专项债、超长期特别国债等发行使用进度，完善配套举措和要素保障，尽快把资金落实到具体项目，加快形成实物工作量。加强政策实施效果跟踪评价，总结推广各地有益经验，及时打通政策堵点卡点。加强政策宣传解读，确保政策信息精准传达，缩短市场观望期，推动政策及时见效、充分显效。压实地方稳增长责任，继续发挥好经济大省挑大梁作用。**二是适时加大宏观调控力度。**强化国内外形势监测分析，适时推出管用有效的增量政策，依靠实打实的政策举措释放积极信号、提振市场信心。以提振消费为重点扩内需，稳住大宗消费基本盘，支持文化体育旅游融合发展，促进养老、育幼、家政等服务消费扩容提质。强化就业优先战略，着力抓好高校毕业生、农民工等重点群体就业工作，多措并举增加城乡居民特别是低收入者收入，增强居民消费能力和意愿。**三是推动标志性改革举措加快落地。**加快落实进一步全面深化改革各项举措，及时推出一批条件成熟、民心所向、可感可及的改革举措，以深化改革稳增长、调结构、防风险、提信心。加快建立全国统一大市场，健全竞争政策实施机制，营造公平竞争良好制度环境，进一步调动民间投资积极性。积极稳妥推进财税金融体制改革，适当提高中央财政支出比例，尽快稳住房地产市场和股票市场。深化外贸体制改革，积极培育外贸发展新动能，稳步扩大制度型开放。

10月份国民经济运行情况分析

10月份，国民经济保持稳中有进、稳中有升发展态势。随着存量政策加快落实以及一揽子增量政策加力推出，主要经济指标回升好转，社会预期持续改善，发展质量稳步提升，积极因素累积增多，经济企稳回升势头明显。同时，外部不稳定不确定性上升，国内有效需求仍然偏弱，企业经营压力较大，加之后两个月主要指标对比基数抬升，实现全年经济社会发展预期目标仍需付出巨大努力。

一、主要指标改善，经济回升势头增强

随着一系列存量政策和增量政策协同发力、持续显效，服务业、消费、进出口等主要经济指标增速回升，城镇调查失业率下降，经营主体预期信心改善，市场活跃度提升，新质生产力加快成长，推动经济实现质的有效提升和量的合理增长取得新进展。

（一）生产供给较快增长。农业生产形势良好。秋粮播种面积稳中有增、单产持续提高，总体呈增产态势，全年粮食产量有望突破1.4万亿斤；秋冬播进展顺利，全国冬小麦已播85.8%，进度与上年基本持平。生猪生产有所增加，10月份生猪调出大县合计生猪出栏、月末存栏环比分别增长2.7%、1.1%。**工业生产较快增长。**10月份，规模

以上工业增加值同比增长5.3%，比上月小幅回落0.1个百分点，保持较快增长；其中作为工业主体的制造业增长5.4%，比上月加快0.2个百分点。装备制造“压舱石”作用持续发挥，规模以上装备制造业增加值同比增长6.6%，拉动规模以上工业增长2.3个百分点。在市场需求改善带动下，规模以上原材料制造业、消费品制造业增加值同比分别增长4.1%、4.5%，比上月加快0.8、1.0个百分点。1—10月份，规模以上工业增加值同比增长5.8%，与1—9月份持平。**服务业明显加快。**10月份，服务业生产指数同比增长6.3%，比上月加快1.2个百分点，连续2个月加快。其中，受相关增量政策带动，金融业生产指数增长10.2%，加快3.7个百分点，房地产业生产指数由上月下降2.2%转为增长0.8%，为2023年6月以来首次正增长；假日经济较为活跃，交通运输仓储和邮政业、住宿和餐饮业、批发和零售业生产指数分别增长4.7%、2.6%、6.2%，加快0.2、0.3、2.0个百分点。从相关指标看，货运量、营业性客运量同比分别增长3.2%、4.2%，比上月加快0.9、0.3个百分点。1—10月份，服务业生产指数同比增长5.0%，比1—9月份加快0.1个百分点。

(二)国内需求继续改善。市场销售较快回升。消费品以旧换新政策持续发力，叠加“双十一”促销活动提前和国庆假期带动，市场销售增速明显加快。10月份，社会消费品零售总额45396亿元，同比增长4.8%，比上月加快1.6个百分点。其中，商品零售额增长5.0%，加快1.7个百分点；餐饮收入增长3.2%，加快0.1个百分点。限额以上单位商品零售额同比增长6.8%，加快4.0个百分点；其中化妆品、体育娱乐用品、通讯器材等升级类商品零售额分别增长40.1%、26.7%、14.4%。1—10月份，社会消费品零售总额同比增长3.5%，比1—9月份加快0.2个百分点。服务消费潜力继续释放，1—10月份服务零售额同比增长6.5%，快于同期商品零售额增速3.3个百分点，其中通讯信息服务类、交通出行服务类零售额增长较快。**投资稳**

定增长。1—10月份，固定资产投资（不含农户）423222亿元，同比增长3.4%，与1—9月份持平；其中制造业投资增长9.3%，加快0.1个百分点。大项目投资继续发挥有力支撑作用，计划总投资亿元及以上项目投资同比增长7.1%，拉动全部投资增长3.8个百分点。

（三）货物贸易量增质升。进出口增长加快。10月份，货物进出口总额37007亿元，同比增长4.6%，比上月加快3.9个百分点。其中，出口额增长11.2%，加快9.6个百分点；进口额下降3.7%，降幅扩大3.2个百分点；贸易顺差同比扩大69.6%。据海关总署初步测算，1—8月份，我国货物出口占全球份额为14.4%，同比提高0.4个百分点。**贸易结构持续优化。**1—10月份，作为外贸第一大主体的民营企业进出口额同比增长9.3%，占进出口总额比重为55.1%，同比提高2.1个百分点；机电产品出口额同比增长8.5%，占出口额比重为59.4%，其中集成电路、家用电器、船舶出口额分别增长21.4%、16.1%、74.9%。**对主要贸易伙伴进出口改善。**1—10月份，我国对共建“一带一路”国家进出口额同比增长6.2%，其中对东盟增长8.8%；对欧盟、美国、韩国进出口额分别增长1.2%、4.4%、6.7%，比1—9月份加快0.3、0.2、0.2个百分点，对日本进出口额降幅收窄。

（四）就业物价总体稳定。城镇调查失业率继续下降。10月份，全国城镇调查失业率为5.0%，比上月下降0.1个百分点，连续2个月下降，其中外来农业户籍劳动力城镇调查失业率为4.7%，低于全国城镇调查失业率0.3个百分点；31个大城市城镇调查失业率为5.0%，比上月下降0.1个百分点。分地区看，31个省（区、市）中，28个地区城镇调查失业率比上月下降或持平，东部、中部、西部、东北地区城镇调查失业率均比上月下降0.1个百分点。**核心CPI有所回升。**10月份，居民消费价格（CPI）同比上涨0.3%，涨幅比上月回落0.1个百分点；扣除食品和能源的核心CPI上涨0.2%，涨幅扩大0.1个百分点，其中服务价格上涨0.4%，扩大0.2个百分点。

(五)“两新”“两重”政策效应加快释放。“两新”工作持续发力。大规模设备更新和消费品以旧换新政策有效提振了市场需求，带动相关行业生产向好。从需求端看，1—10月份，设备工器具购置投资同比增长16.1%，拉动全部投资增长2.1个百分点；10月份，限额以上单位家用电器和音像器材类、汽车类、文化办公用品类、家具类商品零售额分别增长39.2%、3.7%、18.0%、7.4%，比上月加快18.7、3.3、8.0、7.0个百分点，合计拉动社会消费品零售总额增长约1.2个百分点。从生产端看，在大规模设备更新等带动下，10月份智能消费设备制造、船舶及相关装置制造等行业增加值同比分别增长18.8%、16.0%，农产品加工专用设备、挖掘铲土运输机械、包装专用设备产量分别增长54.5%、28.4%、19.2%；在消费品以旧换新等带动下，10月份新能源汽车及相关的充电桩产量分别增长48.6%、25.2%，家用空气湿度调节装置、房间空气调节器、家用电热取暖器具产量分别增长32.1%、14.0%、13.2%。**“两重”建设效果显现。**“两重”项目实物工作量陆续形成，带动基础设施投资增速回升，1—10月份，基础设施投资同比增长4.3%，比上月加快0.2个百分点，为今年4月以来首次回升；其中水利管理业、生态保护和环境治理业增速分别加快0.8、0.5个百分点，道路运输业投资降幅收窄0.3个百分点。

(六)市场信心得到提振。楼市活跃度提升。10月份，新建商品房销售面积、销售额同比分别下降1.6%、1.4%，降幅比上月大幅收窄9.2、14.7个百分点，均连续3个月收窄。住建部数据显示，10月份二手房网签成交量同比增长8.9%，连续7个月正增长，环比增长4.5%。**资本市场显著回暖。**10月份，沪深两市股票成交量、成交金额同比分别增长147.6%、153.5%；截至11月11日，上证综指、深证成指收盘价比9月低点分别上涨28.3%、42.7%。**采购经理指数重回扩张区间。**10月份，制造业采购经理指数(PMI)为50.1%，比上月上升0.3个百分点，自今年5月以来首次升至扩张区间；服务业商务活动指数50.1%，上升0.2个百分点，重回扩张区间。**消费者信心指数由降转升。**10月份，消费者信心指数为86.9，比上月高1.2点，在连续回落6个月后首次由降转升。

（七）高质量发展取得新进展。高端制造业快速增长。10月份，规模以上高技术制造业增加值同比增长9.4%，占规模以上工业增加值比重为16.7%；其中电子及通信设备制造业、计算机及办公设备制造业分别增长10.6%、7.4%；集成电路、工业机器人、虚拟现实设备产量分别增长11.8%、33.4%、89.3%。**新兴服务业增势良好。**10月份，信息传输软件和信息技术服务业、科学研究和技术服务业生产指数同比增速均快于全部服务业，其中信息传输软件和信息技术服务业增长9.5%。**数字经济茁壮成长。**10月份，规模以上智能无人飞行器制造、智能车载设备制造等行业增加值分别增长41.9%、16.7%。数字消费方兴未艾，即时零售、直播带货等新业态新模式不断拓展，1—10月份实物商品网上零售额同比增长8.3%，比1—9月份加快0.4个百分点；占社会消费品零售总额比重达25.9%，提高0.2个百分点。**绿色低碳转型持续深入。**10月份，规模以上工业单位增加值能耗同比降幅比上月扩大0.6个百分点；规模以上工业风力、太阳能发电量分别增长34.0%、12.6%；太阳能电池、太阳能工业用超白玻璃、多晶硅等绿色产品产量分别增长13.2%、42.8%、14.7%。**高技术产业和民生投资稳定增长。**1—10月份，高技术制造业、高技术服务业固定资产投资同比分别增长8.8%、10.6%；电力热力燃气及水生产和供应业、铁路运输业投资分别增长24.1%、14.5%。

二、内外环境错综复杂，回升向好依然承压

尽管在政策带动下，近两个月经济运行出现积极变化，但外部环境更趋复杂严峻和不确定，世界经济增长趋缓与部分西方国家打压升级相互叠加，国内有效需求不振，部分行业企业竞争加剧、经营困

难，经济稳定回升还面临不少困难挑战。

(一)国内有效需求仍显不足。投资增长支撑偏弱。受经营主体效益下滑、房地产持续调整、地方财政资金偏紧、大项目储备不足等影响，投资增长内生动能较弱。10月当月，固定资产投资同比增速比上月回落1.3个百分点。民间投资持续低迷，1—10月份民间投资同比下降0.3%，降幅比1—9月份扩大0.1个百分点，连续3个月下降。一些大项目处在收尾期，新开工项目储备接续不足，制约投资增长后劲。10月份，新入库计划总投资亿元及以上项目个数、计划总投资均由上月同比增长转为下降。**消费持续恢复制约犹存。**10月份市场销售明显改善，但增速仍然偏低，尤其是部分重点领域消费不振，线下实体业态增长较慢，市场销售持续恢复依然承压。10月份，社会消费品零售总额同比增速仍处近年来较低水平；限额以上单位金银珠宝、石油及制品、建筑及装潢材料类商品零售额同比分别下降2.7%、6.6%、5.8%，降幅依然较大。1—10月份，限额以上单位实体店铺商品零售额同比仅增长1.5%，其中品质类消费较多的业态销售持续疲软，百货店、品牌专卖店零售额分别下降3.0%、1.1%。

(二)价格持续低位徘徊。虽然近期政策因素带动市场需求有所改善，但需求恢复总体弱于供给，供需不平衡制约下价格持续低位运行。**工业品价格降幅连续扩大。**受部分国际大宗商品价格波动下行、国内有效需求不足等影响，10月份工业生产者出厂价格(PPI)同比下降2.9%，降幅比上月扩大0.1个百分点，连续3个月降幅扩大，已经连续25个月下降。其中，石油煤炭及其他燃料加工业、黑色金属冶炼和压延加工业、非金属矿物制品业、化学原料和化学制品制造业同比分别下降13.9%、7.5%、4.7%、5.6%。工业品价格持续下行，反映终端需求不足和供给相对过剩，这加大了企业盈利和财政增收压力，不利于微观主体活力释放，制约经济循环畅通。**消费价格涨幅低位回落。**10月份，CPI同比涨幅连续2个月回落，自2023年3月以来涨幅持续低于1%；环比下降0.3%，为今年4月以来最大降幅，明显低于近十年同期平均水平（环比上涨0.1%）。核心CPI同比涨幅略有回升，但仍为2021年3月以来次低水平，特别是新能源汽车、燃油汽车价格分别下降6.6%、6.1%，下拉作用比较明显。消费价格持续低迷，既反映了居民消费能力和意愿不足，也会影响市场预期稳定，不利于经济回升向好。

（三）经营主体压力依然较大。增产不增收不增利现象突出。市场"内卷式"竞争加剧，产品价格下降，但成本费用较快增长，两头挤压企业利润。1—9月份规模以上工业企业利润总额由1—8月份同比增长0.5%转为下降3.5%，为年内首次负增长，41个工业大类行业中，有17个行业利润同比下降，下降面达41.5%；9月当月，规模以上工业企业利润同比下降27.1%，降幅比上月扩大9.3个百分点。**资金周转压力较大。**9月末，规模以上工业企业应收账款占流动资产的比重为28.5%，同比上升1.0个百分点；应收账款平均回收期为66.3天，同比增加3.7天，今年以来持续处于高位。**小微企业困难突出。**10月份，制造业小型企业PMI为47.5%，比上月回落1.0个百分点，连续6个月位于收缩区间，而大、中型企业均有所改善；反映市场需求不足、资金紧张的制造业小型企业占比分别高于整体水平2.9、9.3个百分点。

（四）外部环境复杂性和不确定性上升。世界经济增长动能不足。受需求疲软、贸易碎片化加剧、地缘冲突等多重因素影响，世界经济和贸易复苏动能偏弱，制约我外需稳定。国际货币基金组织最新预测，2024年全球GDP、货物和服务贸易量分别增长3.2%、3.1%，均低于2010—2019年平均增速。10月份，全球制造业PMI为49.4%，连续4个月位于收缩区间，新出口订单指数为48.3%，连续5个月位于收缩区间。**全球贸易保护主义愈演愈烈。**全球贸易保护措施激增，部分西方国家对我施压遏制持续加码，一些新兴经济体对我一些商品采取贸易保护措施，挤压我优势产品市场空间。10月份，我国“新三样”出口额同比下降8.9%。

三、狠抓各项政策落地见效，努力实现全年发展预期目标

综合来看，10月份经济企稳回升势头明显，积极因素进一步增多，为完成全年预期目标任务奠定了较好基础，但外部环境依然复杂严峻，经济内生动能仍待增强，部分主要指标回升的持续性有待观察，实现全年发展目标仍需持续发力、继续用力。下阶段，要认真落实党的二十届三中全会和9月26日中央政治局会议精神，切实增强责任感和紧迫感，锚定全年目标任务，全力以赴、狠抓落实，加快把党中央、国务院决策部署转化为推动经济高质量发展的新成效，努力实现全年经济社会发展目标。

（一）狠抓落实充分释放政策效能。加大宏观政策逆周期调节力度，紧盯一揽子增量政策实施效果，加大对地方的支持、督导和帮助力度，强化资金、项目、人力等要素保障，加快政策传导落地，及早发挥出政策效应。对标对表党中央部署要求，及时跟踪评估政策落实效果，持续优化政策举措。增强宏观政策取向一致性，确保同向发力、形成合力。加力宣传解读政策，加强政策与市场之间的互动，最大范围凝聚共识、提振信心。

（二）精准施策有效解决重点问题。加快落实地方政府债务置换工作，合理扩大地方政府专项债券支持范围，促进投资企稳回升。促进房地产市场止跌回稳，用足用好收购存量商品房和闲置土地等支持政策。加快落实稳定资本市场的各项既定部署，努力稳住股市回暖势头。把实施扩大内需战略同深化供给侧结构性改革有机结合起来，以提振消费为重点扩大国内需求。针对一些行业盲目扩张、产能利用率偏低问题，强化市场优胜劣汰机制，畅通落后低端产能退出渠道。加大助企纾困力度，落实好结构性减税降费政策，加大对重点行

业融资支持，规范涉企执法、监管行为。

（三）深化改革创新增强发展动力。牢牢把握高质量发展这个首要任务，加快培育发展新动能。大力促进服务消费扩容升级，进一步放宽养老、托育、家政、文旅等服务业准入限制。培育壮大新型消费业态，推动数字经济与新型消费加快融合。壮大外贸新动能，促进跨境电商发展，持续拓展中间品贸易、新兴出口市场。因地制宜发展新质生产力，加快关键核心技术攻关，促进实体经济和数字经济深度融合。加快推出一批条件成熟、可感可及的标志性改革举措，持续以改革增活力强动力。

11月份国民经济运行情况分析

11月份，宏观政策组合效应继续释放，工业、服务业、出口等主要经济指标较快增长，就业物价总体稳定，楼市股市趋于活跃，社会预期小幅改善，新质生产力继续成长，国民经济延续了9月份以来稳步回升的发展态势。同时也要看到，世界经济增长动能趋缓与美西方对我打压阻遏加剧相互叠加，国内有效需求不足、供需矛盾比较突出，企业生产经营持续承压，经济内生增长动能不强，推动经济持续回升向好还要付出更多努力。

一、宏观政策持续显效，经济延续稳步回升态势

（一）生产供给稳定增长。粮食产量再创新高。粮食播种面积增加、单产提高，全年粮食总产量首超1.4万亿斤，达14130亿斤，比上年增加221.8亿斤，增长1.6%；其中秋粮产量10568.7亿斤，增加150.3亿斤，增长1.4%。秋冬种顺利推进，冬小麦播种已过九成半，冬油菜播种基本结束。**工业增长稳中有升。**11月份，规模以上工业增加值同比增长5.4%，比上月加快0.1个百分点，连续3个月保持在5%以上；作为工业主体的制造业增长6.0%，加快0.6个百分点，连续2个月回升。41个工业大类行业中，34个行业增加值同比增长，

增长面达82.9%。装备制造业继续发挥“压舱石”作用,规模以上装备制造业增加值同比增长7.6%,比上月加快1.0个百分点,对规模以上工业增长贡献率为49.8%。工业品出口增势良好,规模以上工业出口交货值同比增长7.4%,比上月加快3.7个百分点,连续2个月加快。**服务业保持较快增长。**11月份,服务业生产指数同比增长6.1%,比上月小幅回落0.2个百分点,仍为今年次高水平。其中,房地产业生产指数增长2.9%,比上月加快2.1个百分点,连续2个月正增长;交通运输仓储和邮政业增长6.0%,加快1.3个百分点;金融业增长8.8%,保持较快增长。

(二)消费投资继续扩大。市场销售继续增加。11月份,社会消费品零售总额43763亿元,同比增长3.0%,比上月回落1.8个百分点,这主要是受“双十一”促销前移、上年同期基数明显抬高等短期因素影响。按消费类型分,餐饮收入增长4.0%,比上月加快0.8个百分点;商品零售额增长2.8%,回落2.2个百分点。**服务消费潜力释放。**1—11月份,服务零售额同比增长6.4%,增速快于同期商品零售额3.2个百分点,其中通讯信息服务类、交通出行服务类零售额保持两位数增长。**投资增长基本平稳。**1—11月份,固定资产投资(不含农户)465839亿元,同比增长3.3%,比1—10月份回落0.1个百分点;其中制造业投资增长9.3%,与1—10月份持平。大项目投资发挥关键带动作用,计划总投资亿元及以上项目投资同比增长6.8%,拉动全部投资增长3.7个百分点。

(三)货物贸易质升量增。11月份,货物进出口总额37506亿元,同比增长1.2%,规模创历史同期新高。其中,出口额增长5.8%,进口额下降4.7%,贸易顺差同比扩大39.8%。据海关总署初步测算,前三季度,我国货物出口占全球份额为14.5%,同比提高0.4个百分点。**机电产品出口占比提升。**1—11月份,机电产品出口额同比增长8.4%,明显快于整体出口增速,占出口总额比重为59.5%,同比提高

0.9 个百分点。其中，集成电路、电动汽车、船舶出口额分别增长 20.3%、14.4%、65.3%。**对共建“一带一路”国家进出口增长较快。** 1—11 月份，我国对共建“一带一路”国家进出口额同比增长 6.0%，比进出口总额快 1.1 个百分点，其中对东盟增长 8.6%，占进出口总额比重同比提高 0.5 个百分点。

（四）就业物价总体稳定。调查失业率保持稳定。 11 月份，全国城镇调查失业率为 5.0%，与上月、上年同期持平。1—11 月份，全国城镇调查失业率均值为 5.1%，比上年同期下降 0.1 个百分点。重点群体失业率有所下降，11 月份外来农业户籍劳动力城镇调查失业率为 4.4%，比上月下降 0.3 个百分点；不含在校生的 16—24 岁劳动力城镇调查失业率为 16.1%，下降 1.0 个百分点。**核心 CPI 低位回升。** 11 月份，受天气偏暖、鲜活食品供应充足带动价格下降等影响，居民消费价格（CPI）环比下降 0.6%，降幅比上月扩大 0.3 个百分点；同比上涨 0.2%，涨幅回落 0.1 个百分点。扣除食品和能源的核心 CPI 同比上涨 0.3%，涨幅扩大 0.1 个百分点，连续 2 个月扩大，其中服务价格上涨 0.4%。**工业生产者价格同比降幅收窄。** 随着政策效果持续显现，水泥、有色、钢材等基础原材料价格边际回暖，带动 PPI 环比由降转涨、同比降幅收窄。11 月份，工业生产者出厂价格（PPI）同比下降 2.5%，降幅比上月收窄 0.4 个百分点；环比由上月下降 0.1%转为上涨 0.1%，为今年 6 月以来首次上涨。

（五）新质生产力稳步发展。新产业新产品发展向好。 11 月份，规模以上高技术制造业增加值同比增长 7.8%，快于全部规模以上工业 2.4 个百分点；工业机器人、集成电路、动车组等高技术产品产量分别增长 29.3%、8.7%、14.5%；汽车用锂离子动力电池、单晶硅、多晶硅等绿色产品产量分别增长 20.0%、21.7%、11.7%。新兴服务业发展势头良好，11 月份信息传输软件和信息技术服务业、租赁和商务服务业生产指数均增长 9.3%。**新业态新模式较为活跃。** 直播电商、即时零售等新业态新模式较快发展，1—11月份实物商品网上零售额同比增长6.8%，占社会消费品零售总额比重达26.7%，比1—10月份提高0.8个百分点。11月份，限额以上单位中，开展即时零售较多的便利店商品零售额同比增长4.4%，仓储会员店零售额保持两位数增长。11月17日，我国快递年业务量首次突破1500亿件，再创历史新高。**新投资新基建加快落地。**1—11月份，高技术产业投资同比增长8.8%，其中高技术制造业、高技术服务业投资分别增长8.2%、10.2%，均明显快于全部投资。绿色转型不断深入，带动清洁电力投资增长28.8%。5G、千兆光网、物联网等网络基础设施建设稳步推进。截至10月末，5G基建总数达414.1万个，比上年末净增76.4万个，互联网宽带接入端口数量达12亿个。

(六)政策组合效应持续显现。从需求端看，换新消费持续较快增长，11月份限额以上单位家用电器和音像器材类、家具类、汽车类商品零售额同比分别增长22.2%、10.5%、6.6%，建筑及装潢材料类零售额由上月下降5.8%转为增长2.9%，上述四项合计拉动社会消费品零售总额增长约1.3个百分点，比上月提高0.3个百分点。设备更新投资带动作用持续显现，1—11月份设备工器具购置投资同比增长15.8%，拉动全部投资增长2.1个百分点。**从生产端看，**在设备更新等因素带动下，11月份规模以上船舶及相关装置制造、智能消费设备制造、锂离子电池制造等装备行业增加值同比分别增长20.1%、10.7%、8.8%，均快于规模以上工业增速；农产品加工专用设备、挖掘铲土运输机械、包装专用设备产量分别增长15.4%、28.5%、95.6%。得益于消费品以旧换新等因素，汽车产量同比增长15.2%，连续2个月正增长，其中新能源汽车产量增长51.1%；房间空气调节器、彩色电视机、家用房间空气清洁装置等家电产品产量分别增长27.0%、12.8%、12.4%。**从预期信心看，**制造业采购经理指数扩张加快，11月份制造业PMI为50.3%，比上月上升0.2个百分点，连续3个月上升;其中生产经营活动预期指数为54.7%,比上月上升0.7个百分点,表明多数制造业企业对未来市场信心有所增强。服务业商务活动指数继续保持在扩张区间,互联网软件及信息技术服务、货币金融服务、资本市场服务等行业商务活动指数位于55%以上较高景气区间。**从市场活跃度看**,房地产市场交易继续改善,11月份新建商品房销售面积、销售额同比增速均由负转正,分别增长3.2%、1.4%,上月为下降1.6%、1.4%。股票市场成交活跃,沪深两市股票成交量、成交金额同比均增长1.1倍。经济稳步回升带动生产要素流动加快,货物周转量、旅客周转量同比分别增长8.8%、9.5%,比上月加快2.4、0.5个百分点。

总的来看,尽管受一些短期因素影响,11月份个别指标增速有所回落,但四季度以来主要经济指标表现仍明显好于三季度,表明一揽子存量政策和增量政策作用下,经济回升向好势头没有改变。从10—11月份平均看,规模以上工业增加值、服务业生产指数、社会消费品零售总额同比分别增长5.4%、6.2%、3.9%,比三季度加快0.4、1.4、1.2个百分点。从1—11月份累计看,规模以上工业增加值、社会消费品零售总额、货物出口额同比分别增长5.8%、3.5%、6.7%,与1—10月份持平;服务业生产指数增长5.1%,加快0.1个百分点。

二、经济运行面临的主要困难挑战

11月份经济向好态势总体延续,但外部环境更趋复杂严峻和不确定,国内有效需求不足制约经济循环畅通,价格持续低迷,部分企业竞争加剧、经营困难增多,经济持续回升向好基础仍待巩固。

(一)国内有效需求不足,供求矛盾比较突出。在政策带动下经济延续回升态势,但供强需弱的问题还比较突出,价格持续低位运行,需求不足仍是经济循环的主要堵点。**投资增长后劲乏力。**今年以来投资增速总体放缓，1—11 月份固定资产投资同比增速比年内高点回落 1.2 个百分点；其中民间投资下降 0.4%，降幅比 1—10 月份扩大 0.1 个百分点，连续 4 个月下降。建筑业景气水平明显回落，11 月份建筑业商务活动指数为 49.7%，比上月下降 0.7 个百分点，降至 2020 年 3 月以来最低点。当前一些大项目处在收尾期，新开工项目特别是大项目明显减少，项目储备接续不足，制约投资增长后劲，下阶段稳定投资难度明显加大。11 月份，新入库计划总投资亿元及以上项目个数、计划总投资同比降幅比上月明显扩大。**消费内生动力偏弱。**本月市场销售增速回落有短期因素影响，但居民增收困难叠加信心不足，消费内生动力不强、持续性偏弱，部分可选消费和实体业态销售比较低迷。11 月份，限额以上单位金银珠宝类、石油及制品类商品零售额同比分别下降 5.9%、7.1%；1—11 月份，限额以上单位实体店铺商品零售额同比仅增长 1.7%，其中品质消费较多的百货店、品牌专卖店零售额分别下降 2.9%、0.7%。11 月份，消费者信心指数为 86.2，比上月低 0.7 点。**价格持续低迷。**11 月份 CPI 同比涨幅连续 3 个月回落，连续 21 个月低于 1%；PPI 连续 26 个月同比下降。物价持续低位运行，凸显有效需求不足、供需循环不畅，还会制约企业盈利、财政增收，影响预期稳定，不利于经济持续回升向好。

(二)企业生产经营持续承压，增产不增收不增利现象突出。成本价格两头挤压企业利润。行业“内卷式”竞争加剧，产品价格持续下行，而成本费用仍在上升，企业利润空间受到挤压。1—10 月份规模以上工业企业每百元营业收入中的成本为 85.39 元，同比增加 0.32 元，处于近五年高位；利润总额同比下降 4.3%，降幅比 1—9 月份扩大 0.8 个百分点，连续 2 个月累计下降；41 个工业大类行业中，20 个行业利润同比下降，比上月增加 3 个。**账款回笼压力上升。**10 月末，规模以上工业企业应收账款同比增长 7.8%，比 9 月末上升 0.2 个百分点；应收账款占流动资产的比重为 28.9%，同比上升 1.1 个百分点；应收账款平均回收期为66.7天，增加3.9天，今年以来持续处于高位。**小微企业经营困难突出。**11月份，制造业小型企业PMI为49.1%，连续7个月位于收缩区间；反映市场需求不足、资金紧张的小型企业占比分别高于整体水平3.7、11.0个百分点。

（三）外部不稳定不确定因素明显增多，对我不利影响加大。世界经济增长动能趋弱。贸易保护主义和单边主义抬头，地缘政治冲突风险上升，全球经济碎片化趋势明显，复苏动能趋弱，不利我外需稳定。经济合作与发展组织最新预测，2024、2025年全球经济分别增长3.2%、3.3%，明显低于疫情前水平。11月份，全球新出口订单指数为48.6%，连续6个月位于收缩区间；美国、欧元区、日本制造业PMI分别为49.7%、45.2%、49.0%，均位于收缩区间。**地缘政治风险有增无减。**叙利亚政局风云突变，中东局势走向不明，乌克兰危机不确定性仍存，政治极化和社会分化趋势更加明显，可能对国际重点产业链供应链、金融市场、大宗商品市场等产生冲击影响。此外，一些西方国家滥用出口管制措施，挥舞关税大棒，扰乱全球经贸秩序，削弱我优势产业竞争力。11月份，我国“新三样”出口额同比降幅比上月扩大。

三、全力落实好中央经济工作会议决策部署，推动经济持续回升向好

随着政策组合效应继续显现，11月份国民经济稳步回升，积极因素累积增多，四季度经济增长将好于三季度，完成全年经济社会发展主要目标基础在夯实。同时也要看到外部环境更趋复杂严峻，国内周期性结构性问题交织叠加，经济内生动能亟待增强。下阶段，要全面贯彻落实中央经济工作会议精神，坚持稳中求进、以进促稳，守正创新、先立后破，系统集成、协同配合，实施更加积极的财政政策和适度宽松的货币政策，加强超常规逆周期调节，打好政策“组合拳”，更

好稳定预期、激发活力，不断推动经济向上、结构向优、质效向好，为今年经济收好尾、明年经济开好局奠定坚实基础。

一是更加注重政策落地落细。牢牢把握来之不易的经济企稳回升关键期，聚焦全方位扩大国内需求等关键任务，加快推动各项政策落到实处、见到实效。提前下达明年新增专项债额度，尽快启动超长期特别国债发行工作，优化投向加力支持“两重”建设，加快开展项目前期工作，强化要素配套保障，推动一批重大项目抓紧开工建设，尽早形成实物工作量。大力提振消费，支持扩大养老、托育等惠民生领域服务消费。及时跟踪评估政策落实效果，不断畅通宏观政策向微观主体传导渠道，持续优化政策举措。强化预期管理，加力宣传解读政策，及时回应市场关注和社会热点。

二是更加注重政策统筹预研。瞄准中央经济工作会议确定的重点任务和经济运行中的突出问题，做好今明两年宏观政策衔接，靠前发力、适当加力，形成系统集成、协调配合的“政策集”。提高宏观政策的前瞻性、针对性和有效性，特别在抵御外部极限打压等方面，要提前谋划、超前研判，加强政策储备，充实完善政策工具箱，留出政策冗余度，有需要时及时推出。加强经济监测预测预警，强化政策一致性评估，确保政策同向发力、形成合力。

三是更加注重推改革增动力。发挥经济体制改革牵引作用，推动标志性改革举措落地见效，以全面深化改革稳增长、调结构、防风险、提信心。以科技创新引领新质生产力发展，推动重点产业提质升级。把扩大内需和深化供给侧结构性改革结合起来，加速低端低效产能市场化出清。加快构建全国统一大市场，持续优化营商环境，加大力度解决拖欠企业账款问题，加强企业帮扶纾困，不断激发微观主体活力。加快推动制度型开放，培育壮大外贸新动能。完善收入分配制度，提高劳动者报酬在初次分配的比重。

四是更加注重保民生促稳定。把推动实现高质量充分就业摆在突出位置，持续加大对重点行业和群体的就业帮扶力度。推动失业保险向职业劳动者广覆盖，完善就业与失业保险、最低生活保障联动机制。多渠道增加城乡居民特别是中低收入者收入，确保岁末年初农民工工资按时足额发放。稳步提升公共服务供给水平，加大养老、育幼、卫生健康等民生补短板力度，不断增强人民群众获得感幸福感安全感，确保社会大局和谐稳定。